KOMPLEXITÄT
Fluch und Wesen des Digitalen Business

Dr. Günther Meinhold ist Physiker mit langjähriger Erfahrung als Unternehmens- und Software-Architekt, Methodik-Coach, Projektleiter und Managementberater. Heute arbeitet er als Unternehmensarchitekt bei einem führenden Mobilitätsanbieter. Im Rahmen des Komplexitätsmanagements konzipiert und entwickelt er Prinzipien, Methoden, Kennzahlen und Visualisierungen für die Ausgestaltung einer angemessen komplexen IT-Landschaft.

Markus Meinhold ist im Advisory eines global agierenden Vermögensverwalters tätig und berät führende Banken, Finanzdienstleister und öffentliche Institutionen zu den Themen Risikomanagement und -modellierung, Bankenaufsicht, Unternehmenssteuerung und Facharchitektur. Im Rahmen zahlreicher anspruchsvoller und kritischer Mandate entwickelte er umfassende Expertise im praktischen Management von fachlicher, technischer und organisatorischer Komplexität.

Günther & Markus Meinhold

KOMPLEXITÄT

Fluch und Wesen des Digitalen Business

Bibliografische Information der Deutschen Nationalbibliothek:
Die Deutsche Nationalbibliothek verzeichnet diese Publikation
in der Deutschen Nationalbibliografie; detaillierte bibliografische
Daten sind im Internet über http://dnb.dnb.de abrufbar.

© 2018 Dr. Günther Meinhold, Markus Meinhold
Herstellung und Verlag:
BoD – Books on Demand, Norderstedt

ISBN: 978-3-7460-8899-0

Inhalt

2

Einleitung

Die Digitalisierung als Zukunftsthema ist in aller Munde. Doch gehen die Ansichten, Meinungen und Prognosen darüber, was die Digitalisierung ausmacht und wie sie unser Leben verändern wird, weit auseinander. Einig ist man sich aber zumindest darin, dass Digitalisierung ohne umfassend verfügbare und zuverlässige Informationstechnik nicht funktioniert. Denn schon heute übersteigen der Umfang und die Funktionsweise der zumeist im Verborgenen wirkenden Hard- und Softwaresysteme die Vorstellungskraft der Nutzer der digitalen Produkte und Dienstleistungen. Und weil es technisch einfach ist, Systeme und Dinge zu verknüpfen, entstehen immer größere Netze mit komplexen fachlichen und software-technischen Beziehungen, deren Ausmaß und Details nur unzureichend bekannt sind. Sichtbare Folgen unverstandener Strukturen und Prozesse sind gestohlene Kundendaten, unerklärliche Systemausfälle, Sicherheitslücken in Applikationen oder fehlgeschlagene Software-Updates, allesamt Ereignisse und Ausfälle, die nicht mehr nur lokal und bei einzelnen Nutzern auftreten, sondern komplette Unternehmen, weltweit genutzte Services und Millionen Kunden betreffen. Weil die digitalisierten und vielfältig vernetzten Systeme und Prozesse nicht einfach sein können und deshalb schwierig zu managen sind, ist Komplexität der Fluch und das Wesen des Digitalen Business. Komplexitätsreduzierung gehört deshalb zum erklärten Ziel jedes IT-Großprojektes und erst recht einer Digitalen Transformation. Den Ankündigungen, Appellen und Versprechen, die Komplexität von IT-Systemen, Geschäftsprozessen und Produkten zu reduzieren oder wenigsten einzudämmen, fehlt allerdings häufig die Messlatte, an der sich Erfolg oder Misserfolg ablesen lassen. Denn um etwas Abstraktes wie *Komplexität* zu reduzieren und zu beherrschen, muss man zunächst die Ursachen, Arten und Aspekte von Komplexität definieren, die es zu managen gilt. Darauf aufbauend stellt das Komplexitätsmanagement die Methoden, Kennzahlen und

Visualisierungen bereit, um die Komplexität des Digitalen Business auf das erforderliche Maß zu begrenzen. Bereits in der Planungs- und Entwurfsphase können dann aus alternativen Varianten die am besten geeigneten und angemessen komplexen Lösungen ausgewählt werden. Die turnusmäßige qualitative und quantitative Bewertung der Komplexität der Geschäftskomponenten und der IT-Landschaft verhindert, dass deren Komplexität durch Zufall oder Opportunität unkontrolliert und unerkannt wächst.

Die Berechnung von Kennzahlen erfordert etwas Mathematik, zumeist aber lediglich einfache Summationen. Die Beschreibung der wesentlichen Sachverhalte und Zusammenhänge in diesem Buch kommt aber ohne Formeln aus. Es ist also kein mathematisch, theoretisches Werk. Mehr als siebzig Abbildungen veranschaulichen zudem einzelne Sachverhalte. Und ein durchgängiges Beispiel begleitet die Beschreibung des Komplexitätsmanagements einer IT-Landschaft. Das Buch vereint Erkenntnisse und Ergebnisse aus einer langjährigen Tätigkeit als Unternehmens- und Software-Architekt, Methodik-Coach, Projektleiter und Managementberater und praktische Erfahrungen beim Aufbau des Komplexitätsmanagements in einer Großbank und bei einem großen Mobilitätsanbieter. Neben der Einleitung gliedert sich der Inhalt in folgende Teile:

- Komplexität – Fluch und Wesen des Digitalen Business
- Komplexitätsmanagement der IT-Landschaft
- Komplexität berechnen und visualisieren

Der erste Teil beschreibt diejenigen Merkmale von Komplexität, die für das Digitale Business und dessen Ausgestaltung relevant sind. Er erläutert den permanenten Kampf zwischen den Treibern der fachlich und technisch bedingten IT-Komplexität und den Maßnahmen zu ihrer Begrenzung. Teil 1 schließt mit der Diskussion von Irrtümern über Komplexität und der Einordnung des Komplexitätsmanagements in den Kontext des Enterprise Architektur Managements.

Teil 2 erläutert das Komplexitätsmanagement der IT-Landschaft konzeptionell und methodisch, aber auch praktisch anhand eines durchgängigen Beispiels mit zahlreichen Abbildungen. Wir definieren generische Systemmodelle und Komplexitätsarten, von denen konkrete Ausprägungen und Kennzahlen für Geschäftskomponenten und IT-Systeme sowie deren Kopplung abgeleitet werden. Und wir zeigen, dass die Verteilung der Geschäftskomponenten auf IT-Systeme als Steuergröße für die Komplexität ihrer wechselseitigen Kopplung fungiert.

Der dritte Teil, der auch vor dem zweiten oder zusammen mit diesem gelesen werden kann, widmet sich den Berechnungsmethoden, Formeln und Visualisierungen für unterschiedliche Arten von Komplexität. Im Kapitel *Kopplung und Wechselwirkung* erläutern wir, wie man gekoppelte, wechselwirkende Elemente mathematisch als Matrix beschreiben und visualisieren kann. Wir leiten Kennzahlen für die interne und externe Kopplung und die Stabilität von Systemen gegenüber Änderungen ab und stellen ein Verfahren vor, mit dessen Hilfe charakteristische Kopplungsmuster von Elementen im Bild der Kopplungsmatrix sichtbar werden. Die Methoden und Formeln zur Berechnung der Ausbreitung von Wirkungen in Beziehungsgeflechten sind formal identisch mit denen für ein künstliches neuronales Netz. Eigene Kapitel zur Heterogenität, zur Klassifizierung und zur Aufwandschätzung von IT-Systemen runden den dritten Teil des Buches ab.

In Summe bilden alle vorgestellten Ergebnisse ein Werkzeug für Unternehmensarchitekten, IT-Manager, IT-Architekten, Projektleiter, Chefentwickler, Berater und Mitarbeiter in Lehre und Forschung, die sich mit dem Thema *IT-Komplexität* befassen.

1 Komplexität – Fluch und Wesen des Digitalen Business

1.1 Merkmale von Komplexität

Das Gegenteil von *komplex* ist *einfach*. Etwas Nicht-Einfaches kann aber auch kompliziert, schwierig, mühsam, umständlich, schwer verständlich, verworren, verzwickt, vielfältig, mehrteilig, zusammengesetzt, vielschichtig, facettenreich, gehoben, anspruchsvoll, prunkvoll, verwoben, verschlungen oder verzweigt sein, wie Abbildung 1 anschaulich zeigt. Komplexität vereint verschiedene Formen des Nicht-Einfachen, die nicht immer klar voneinander getrennt werden können. Insbesondere dann nicht, wenn Komplexität nicht allein als Eigenschaft und Merkmal eines realen oder abstrakten Systems betrachtet wird, sondern auch in ihrer Wirkung auf Personen. Denn individuelle Kenntnisse und Fertigkeiten entscheiden wesentlich darüber, was wir subjektiv als komplex empfinden und was nicht.

Neben den Gegenteilen von *einfach* existieren weitere typische Merkmale komplexer Dinge oder allgemein komplexer Systeme:

- Nicht lokale Wirkungen: Die Wirkung lokaler Ereignisse ist nicht auf deren Umgebung begrenzt

- Nichtlinearität: Einzelne, kleine Ereignisse führen zu vielfältigen und mitunter großen Reaktionen und Wirkungen

- Emergenz: Das Verhalten eines Systems lässt sich nicht gänzlich aus der isolierten Analyse seiner Einzelteile erklären.

- Offenheit: Das System interagiert mit seiner Umgebung weshalb sich sein Verhalten nicht ohne Kenntnis der äußeren Einflüsse verstehen und beschreiben lässt.

Abbildung 1 Gegenteile von einfach

Sowohl das typische Verhalten als auch die Struktur komplexer Systeme stellen Merkmale des Systems selbst dar und sind in diesem Sinne objektiv. Merkmale von Systemen, welche die Einschätzung und Bewertung durch Personen ausdrücken, sind hingegen subjektiv.

Nur die objektiven Merkmale verbinden wir mit den Begriffen *Komplexität* und *komplex*. Für die subjektiven Merkmale, die sich auf die Schwierigkeit unseres Verständnisses von Dingen und Sachverhalten beziehen verwenden wir hingegen die Begriffe *Kompliziertheit* und *kompliziert,* und für Merkmale für einen hohen Wert oder eine hohe Qualität stehen, nutzen wir das Wort *hochwertig.* (s.a. Tabelle 1)

Kategorie	Merkmal nicht einfacher Dinge und Sachverhalte	Übergreifender Begriff
objektive Eigenschaften eines nicht ein-fachen Dinges oder Sachverhaltes, die sich auf dessen Struktur beziehen	Mehrteilig, zusammengesetzt → Größe Vielschichtig, facettenreich → Heterogenität Verwoben, verschlungen, verzweigt → Wechselwirkung	Strukturelle Komplexität
objektives Verhalten eines nicht einfa-chen Dinges oder Sachverhaltes	nichtlineare Wirkung, nichtlokale Wirkung Emergenz, Offenheit → Wechselwirkung	Komplexes Verhalten
subjektive Einschätzung bezüglich des Verständnisses eines nicht einfachen Dinges oder Sachverhaltes	Kompliziert, verworren, verzwickt schwierig, mühsam Anspruchsvoll	Kompliziertheit
subjektive Einschätzung des Wertes oder der Qualität eines nicht einfachen Dinges oder Sachverhaltes	Anspruchsvoll, gehoben Prunkvoll	Hochwertig

Tabelle 1 Merkmale des Nicht-Einfachen

1.2 Sie kommt immer wieder

Kopplungen, Wechselwirkungen, Verknüpfungen und Abhängigkeiten jeglicher Art, wie sie beispielsweise durch die redundante und fragmentierte Implementierung von Geschäftskomponenten in unterschiedlichen IT-Systemen verursacht werden, sind die wesentliche Ursache von Komplexität. Als weitere Komplexitätsursachen wirken die Heterogenität einer gewachsenen IT-Landschaft und die große Zahl ihrer Systeme und Komponenten.

Allerdings stört und bekümmert die strukturelle Komplexität einer IT-Landschaft Niemanden, solange man die IT-Systeme nicht ändern muss, das heißt solange sie die Anforderungen und Bedürfnisse des Unternehmens und seiner Kunden fachlich und technisch zur vollen Zufriedenheit erfüllen, und deshalb stabil sind. Aus dem gleichen Grund, nämlich ihrer Stabilität, interessieren wir uns übrigens gleichfalls nicht für die Komplexität der molekularen und atomaren Strukturen der Dinge und Gegenständen unseres Alltags.

Weil komplexe Beziehungen bewirken, dass lokale Änderungen eine Vielzahl an Folgeänderungen nach sich ziehen, tritt die in ihrem Inneren angelegte Komplexität der IT-Landschaft allerdings zu Tage, wenn fachliche oder technische Änderungen anstehen. Es sind deshalb nicht die IT-Systeme an sich, die den Verantwortlichen zu schaffen machen, sondern vor allem der Aufwand und die Schwierigkeiten bei ihrer Erweiterung, Anpassung und permanenten Pflege. Neue und geänderte Funktionen und technische Modernisierungen führen zu initialen Änderungen an einem IT-System. Die resultierenden Folgeänderungen an seiner Umgebung, das heißt allen andern Systemen, ergeben sich aus der Struktur und den Beziehungen der IT-Landschaft als Ganzes. Jedes IT-System kann Änderungskaskaden auslösen oder selbst von Änderungen seiner Umgebung betroffen sein. Gründe für Änderungen sind zum Beispiel:

- dynamische Marktsegmente, welche die permanente Anpassung des Produktportfolios und seiner IT-Unterstützung erfordern

- die Nutzung innovativer, häufig zu erneuernder IT-Produkte

- sich ändernde gesetzliche Bestimmungen, an welche die Geschäftsfunktionen angepasst werden müssen

- schlechte Qualität der IT-Systeme, die immer wieder die Behebung von Fehlern und damit Änderungen erfordern

- ungenügendes Anforderungs- und Änderungsmanagement, das zu unkoordinierten und permanenten Anpassungen führt

Komplexität ist ein Kostenfaktor bei Änderungen und Neuentwicklungen. Aber vor allem bleiben Flexibilität und Schnelligkeit bei der Einführung neuer digitaler Produkte auf der Strecke, wenn die Anpassung einer zu komplexen IT-Landschaft mit der Produktentwicklung nicht Schritt hält.

Komplexitätsmanagement ist deshalb nicht nur wünschenswert, sondern notwendig. Es beginnt bereits bei der Definition des abstrakten Begriffs Komplexität, der für konkrete Aktivitäten präzisiert werden muss.

Denn was man nicht klar definiert hat, kann man nicht messen und bewerten. Und was man nicht messen und bewerten kann, kann man nicht managen.

Ohne Komplexitätsmanagement kann die gute Absicht, die Business- und IT-Komplexität zu reduzieren, sogar ins Gegenteil verkehren. Zum Beispiel dann, wenn die Komplexitätsreduktion an einer Stelle durch einen größere Komplexität in anderen Bereichen erkauft und mehr als kompensiert wird.

Die oftmals zu komplexe IT-Landschaft ist aber nicht die einzige Art von Komplexität, mit der das Digitale Business zu kämpfen hat. Denn die Beziehungen zwischen Geschäftskomponenten, IT-Systemen, Produkten und Datenbeständen induzieren eine nachgelagerte Komplexität der Aufgaben, Beziehungen und Abstimmungsprozesse in den Geschäftseinheiten des IT-Bereiches und seiner Partner. Und als wäre dies nicht schon der Schwierigkeiten genug, findet ein permanenter Kampf zwischen den Treibern der fachlich und technisch bedingten IT-Komplexität und den Maßnahmen zu ihrer Begrenzung statt – wie in Abbildung 2 skizziert.

Aller Anstrengungen zum Trotz steigt die Komplexität einer IT-Landschaft tendenziell mit der Zeit. So werden kostspielige und aufwändige Umbauten mitunter umgangen und Systeme, Services und Datenbanken neu entwickelt, anstatt die bestehenden anzupassen. Notgedrungen oder billigend nimmt man dabei in Kauf, dass redundante und parallele Lösungen entstehen, welche die Komplexität der Gesamt-IT erhöhen. Gleichfalls redundante Lösungen entstehen durch Prototypen zum Testen des Marktes und der Kundenakzeptanz, die als kurzlebige Zwischenlösungen geplant werden, jedoch länger als gedacht bestehen bleiben.

Wenn sich die Schere zwischen den erforderlichen Fähigkeiten und den vorhandenen Möglichkeiten bewährter IT-Systeme stetig öffnet, und wenn gleichzeitig ihre Qualität schwindet, neigt sich der Lebenszyklus des Gesamtsystems seinem Ende zu.

Als einziger Ausweg bleiben der Entwurf und die Entwicklung eines komplett neuen, den aktuellen und bereits absehbaren Erfordernissen des Geschäfts genügenden Systems, zum Beispiel als Bestandteil der Digitalen Transformation des Unternehmens.

Treiber der IT-Komplexität

- Übernahmen und Fusionen
- Internationalisierung und Globalisierung
- Erhöhte Anforderungen an Sicherheit und Verfügbarkeit
- Komplexere Versionen eingeführter Kaufprodukte
- Neue Vertriebskanäle
- Individuelle Produkte und Dienstleistungen

Maßnahmen zur Reduzierung der IT-Komplexität

- Enterprise-Architektur-Management

  ✓ Ganzheitliche Sicht auf die Unternehmens-IT
  ✓ Standardisierung der IT
  ✓ Lose gekoppelte Business-Services
  ✓ Entflechtung von Silo-Anwendungen

- Komplexitäts-Management:

  ✓ fachliche und technische Komplexitätsmodelle
  ✓ Komplexitätsmessung und –bewertung
  ✓ Konstruktionsvorgaben für „einfache" IT-Systeme
  ✓ Vermeidung unangemessener Businesskomplexität

Abbildung 2 Kampf der Widersprüche

1.3 Irrtümer über Komplexität

Irrtümer über Komplexität spiegeln die Gefühlslage überforderter, gestresster oder genervter Manager und Mitarbeiter wieder. Sie weisen deshalb unabhängig davon, ob sie unzulässig verallgemeinern oder vereinfachen oder schlicht falsch sind, implizit auf gewünschte Verbesserungen und Vereinfachungen hin, die man sich von einer Komplexitätsreduzierung erhofft. Aus diesem Grund wollen wir uns einige hartnäckige Irrtümer (zu deren Korrektur dieses Buch hoffentlich ein wenig beitragen kann) anschauen.

Beginnen wir mit einem weit verbreiteten und pauschalen Irrtum und Vorurteil über technische und insbesondere IT-Systeme.

Irrtum Nr. 1: Komplexe Systeme sind schlecht.

Falsch, denn der Zweck und die Funktionstüchtigkeit von Systemen erfordern ein notwendiges Maß an Komplexität, aber nicht mehr.

Richtig ist, dass komplexe Systeme nicht generell schlecht, aber umgekehrt schlechte Systeme häufig komplex sind.

Schlecht sind Systeme aus Sicht des Managements, wenn sie Probleme bereiten, also teuer im Betrieb und bei Änderungen sind, unzuverlässig arbeiten, geschäftliche Innovationen nicht hinreichend unterstützen oder anderweitig das Missfallen der verantwortlichen Manager oder ihrer Vorgesetzten heraufbeschwören. Historisch gewachsene, schwer änderbare IT-Landschaften mit individuellen Alt-Systemen und Datenbeständen sowie Benutzerschnittstellen, die nicht wirklich begeistern, erfüllen alle Bedingungen eines schlechten Systems. Und weil sie häufig (und zu Recht) zur Illustration des wenig scharfen Begriffes *komplex* dienen, wird zwischen *schlecht* und *komplex* kaum unterschieden.

Irrtum Nr. 2: Die zu hohe Komplexität ist schuld daran, dass IT-Projekte häufig scheitern.

Falsch, denn unnötige Komplexität entsteht nur dann, wenn die Fähigkeiten und Fertigkeiten in Unternehmens- und IT-Architektur, Software-Engineering und Projektmanagement quantitativ oder qualitativ nicht ausreichen, um diese zu vermeiden. Projekte, deren Aufgaben und Umfang nur unzureichend definiert und abgegrenzt werden, neigen zu hoher Komplexität. Denn „entdeckt" man während der Projektlaufzeit immer wieder neue Anforderungen und anzupassende Schnittstellen samt deren Verantwortliche, entsteht ein wucherndes Geflecht aus fachlichen, technischen und organisatorischen Abhängigkeiten, welches die ursprüngliche Planung - sollte sie existierten - ad absurdum führt. Waren Mitarbeiter und Unternehmen nicht einmal in der Lage diese vermeidbare Komplexität zu verhindern, dann sind sie erst recht überfordert durch die Aufgabe, den selbst verschuldeten Wirrwarr zu beherrschen und zu ordnen.

Die unnötige Komplexität ist gerade dort am höchsten, wo die Möglichkeiten am geringsten sind, sie zu beherrschen.

Irrtum Nr. 3: Hohe IT-Wartungskosten weisen auf große Komplexität hin.

Falsch, denn die Wartungskosten müssen zur Größe, Struktur, Anzahl und Nutzungsart der betrachteten Produkte in Beziehung gesetzt werden. Außerdem existieren noch weitere mögliche Ursachen für hohe Kosten wie mangelnde Produkt- und Servicequalität, unangemessene Preise oder falsche Kostenzuweisungen.

Irrtum Nr. 4: Große Systeme sind immer komplex.

Falsch, denn ein Stapel aus 100 Ziegelsteinen ist strukturell nicht komplexer als ein Stapel aus 10.000 Steinen.

Richtig ist, dass große Systeme zumeist teurer in Anschaffung und Betrieb sind als kleine. Denn Größe an sich hat seinen Preis an Material, Energie oder Entwicklungs- und Servicekosten.

Und richtig ist auch, dass die Größe eines Systems seine Komplexität begünstigen kann beziehungsweise eine Voraussetzung für dessen Komplexität ist. Denn je zahlreicher die Bestandteile eines Systems sind, desto vielfältiger sind die Möglichkeiten, die Teile zu verknüpfen und auszugestalten. Durch Standardisierung, klare Strukturen und die Vermeidung unnötiger Kopplung kann man aber verhindern, dass wachsende Größe gleichbedeutend mit erhöhter Komplexität ist.

Irrtum Nr. 5: Die Komplexität der IT-Systeme ist allein Sache der IT.

Falsch, denn IT-Systeme besitzen zwar eine eigene technische und organisatorische Komplexität, aber in erster Linie realisieren und unterstützen sie die Geschäftsprozesse des Unternehmens. Und deren Ausgestaltung ist eine Kernaufgabe der Fachseite, welche nicht bei der Gestaltung der Bildschirmdialoge, Kampagnen und Werbeelemente endet, sondern die automatisierten Geschäftsprozesse und deren digitalisierte Daten in Gänze umfasst.

Sowohl die fachliche als auch die organisatorische Komplexität der Geschäftsprozesse überträgt sich auf die IT-Systeme, weshalb die IT-Komplexität nicht kleiner sein kann als die Business-Komplexität.

1.4 Komplexitätsmanagement als EAM-Aufgabe

Komplexitätsmanagement umfasst technische, fachliche und organisatorisch Maßnahmen und deren Koordination mit dem Ziel, die dem Geschäft angemessene Komplexität zu gestalten und zu beherrschen.

Im Rahmen des Komplexitätsmanagements werden die Prinzipien, Methoden, Kennzahlen und Visualisierungen für die Ausgestaltung einer angemessen komplexen IT-Landschaft definiert, entwickelt und etabliert. Eine strategische Aufgabe wie die Vermeidung der unnötigen und die Beherrschung der angemessenen Komplexität erfordert koordiniertes Handeln über Organisations- und Systemgrenzen hinweg und kann nicht an die Verantwortlichen einzelner IT-Systeme delegiert werden. Handlungsbedarf für das Komplexitätsmanagements besteht deshalb vor allem bei der gesamthaften Gestaltung der IT-Landschaft. Die Gegenüberstellung von IT-System und IT-Landschaft in Abbildung 3 verdeutlicht, warum Komplexitätsmanagement im Großen schwierig, aber auch notwendig ist.

Das Komplexitätsmanagement stellt eine eigene, aber eng mit dem Enterprise Architektur Management verbundene Disziplin dar:

- Das Komplexitätsmanagement liefert die Kennzahlen, Kriterien und Methoden zur Bewertung des Ist-Zustandes und der Ziel-Szenarien der IT-Landschaft oder einzelner IT- Systeme.

- Die Konzepte des Komplexitätsmanagements begründen bekannte Architektur-Prinzipien und liefern Methoden, um die IT-Landschaft gemäß diesen Prinzipien zu gestalten.

- Das Komplexitäts- und das Architekturmanagement basieren auf den gleichen Systemmodellen und Daten.

Das Komplexitätsmanagement liefert Ergebnisse und Methoden, die einen wichtigen Beitrag leisten können, um die Transformation zu einer angemessen komplexen IT-Landschaft zu steuern und wesentliche Verbesserungen zu erreichen:

- **Verkürzte Time-to-market** bei der Neugestaltung von Geschäftsprozessen, IT-Systemen und digitalen Produkten durch Vermeidung unkalkulierbarer Aufwände infolge intransparenter und unnötig vielfältiger fachlicher, organisatorischer und technischer Verknüpfungen.

- **Fachliche und technische Flexibilität** dort, wo häufige Änderungen zu erwarten oder erwünscht sind.

- **Stabilität** dort, wo sie möglich ist, indem die volatilen von den stabilen Teilen der IT-Landschaft entkoppelt werden.

- **Standardisierte und nicht-redundante Systeme**, welche die fachliche und technische Vielfalt an Konzepten, Lösungen und Implementierungen so weit begrenzen, dass das erforderliche Fachwissen für Weiterentwicklung, Wartung und Betrieb ausreichend vorgehalten werden kann.

Um besser zu verstehen, welche Art von Komplexität unentbehrlich ist und welche lediglich die Kosten treibt, die Zuverlässigkeit schmälert oder Änderungen zum unkalkulierbaren Risiko werden lässt, brauchen wir ein konzeptionelles Fundament. Ein solches stellen wir in diesem Buch vor. Seine Methoden, Kennzahlen und Visualisierungen sind geeignet, die Komplexität von Geschäftskomponenten, IT-Systemen und ihrer wechselseitigen Kopplung in systematischer Weise zu erfassen und vergleichbar zu machen. So erhalten Manager, IT-Architekten, Business-Analysten und Projektleiter das Rüstzeug, um die Komplexität von Business und IT konstruktiv zu beherrschen.

IT-System (Software)	IT-System-Landschaft
Systemelemente sind Softwarekomponenten	Systemelemente sind IT-Systeme
Anzahl, Art und Beziehungen der System-elemente sind durch den Quelltext dokumentiert	Anzahl, Art und Beziehungen der Systemelemente muss explizit dokumentiert werden (EAM-Tool)
Das vollständige, korrekte und aktuelle Systemmodell ist ohne Mehraufwand vorhanden	Die Pflege (Umfang u. Qualität) des Systemmodells erfordert einen Extraaufwand
Funktions- und Datenabhängigkeiten können bei Bedarf ausgewertet und analysiert werden	Funktions- und Datenabhängigkeiten sind häufig nur grob granular modelliert oder unbekannt
„Umbau" des Systems (Komponentenschnitt) durch Refactoring (relativ) leicht möglich	„Umbau" des Systems, z.B. Beseitigung von Zyklen ist schwierig, teuer und langwierig
Kaum Heterogenität der Systemelemente	Heterogenität ist ein Komplexitätstreiber
Impact auf organisatorische Komplexität gering	Impact auf organisatorische Komplexität groß
Komplexität = Sourcecode-Komplexität : ➜ prinzipiell messbar (Softwaremetriken) ➜ wirkt bergrenzt ➜ Worst Case: IT-System ablösen	**Komplexität = IT-Komplexität:** ➜ schwierig messbar (methodisch, praktisch) ➜ wirkt unternehmensweit (und darüber hinaus) ➜ Worst Case: Stagnation und Verfall
Mäßiger Handlungsbedarf hinsichtlich Komplexitätsmanagement	**Großer Handlungsbedarf hinsichtlich Komplexitätsmanagement**

Abbildung 3 Vergleich IT-System ⬅➜ IT-Landschaft

2 Komplexitätsmanagement der IT-Landschaft

2.1 Arten und Modelle von Komplexität

In diesem Kapitel definieren wir grundlegende Arten von Komplexität und ihre spezifischen, generischen Kenngrößen und Kennzahlen, die im Überblick in Abbildung 4 dargestellt sind. Die Basis Definition basiert auf den charakteristischen Merkmalen komplexer Systeme. Davon werden Arten und Aspekte von Komplexität abgeleitet, deren Zweck und Verwendung gleichfalls in Abbildung 4 genannt wird.

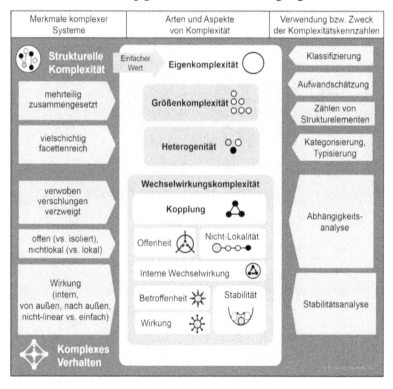

Abbildung 4 Komplexitätsarten und ihre Verwendung

2.1.1 Komplexitätsdefinitionen im Überblick

Die Strukturelle Komplexität eines Systems ist eine Systemeigenschaft und wird bestimmt durch

- Größe (Anzahl an Elementen)
- Heterogenität (Verschiedenartigkeit der Elemente)
- Wechselwirkung (Beziehungen zwischen den Elementen)

Wir unterscheiden drei Arten der Wechselwirkung eines Systems mit seiner Umgebung:

- Wirkung auf die Umgebung
- Betroffenheit durch die Umgebung
- Interne Wechselwirkung

Die gravierendste Ursache der Systemkomplexität ist die Existenz nichtlinearer und/oder zyklischer Wechselwirkungen. Denn diese bewirken

- nichtlineares und ggf. instabiles Verhalten
- Rückkopplungen zwischen Systemelementen

Kompliziertheit ist eine Eigenschaft der Darstellung von Systemen

- sie erschwert das Systemverständnis
- sie kann Komplexität vortäuschen

Das Ziel des Komplexitätsmanagements besteht in der Beherrschung einer angemessenen Komplexität, die nicht ohne Funktions- und Qualitätsverlust reduziert werden kann oder nur mit hohen Kosten und geringem Nutzen.

2.1.2 Einfache Systemmodelle zur Beschreibung von Komplexität

Als *System* bezeichnen wir alles, was komplex sein kann und dessen Komplexität wir untersuchen wollen. Vernachlässigen wir die Details und Eigenschaften realer Systeme, die für die Definition von Kenngrößen zur Beschreibung ihrer Komplexität nicht notwendig sind, erhalten wir *Modelle realer Systeme* oder kurz *Systemmodelle*.

Reale Systeme wie Äpfel, Steine oder IT-Systeme kann man gedanklich immer weiter unterteilen bis man bei den kleinsten bekannten Teilen der Materie anlangt. Wie komplex ein reales System ist oder besser wie komplex es uns erscheint, hängt deshalb entscheidend davon ab, wie genau wir es betrachten. Welches die richtige Betrachtungstiefe ist, hängt davon ab, was wir sehen wollen, sehen müssen oder – aufgrund unserer beschränkten Möglichkeiten und Ressourcen - sehen können

Da wir auf jeder Detaillierungsebene weitere Strukturen entdecken oder definieren können, stellt die Komplexität eines realen Systems keine eindeutig messbare Größe dar, sondern hängt von der Detailliertheit, Auflösung oder Granularität ab, mit der wir reale Systeme betrachten und modellieren.

Wir müssen deshalb bei unseren Betrachtungen zur Komplexität immer zwischen der Realität und ihren Modellen unterscheiden. Systemmodelle werden je nach Bedarf definiert, weshalb für ein reales System unterschiedliche Modelle existieren, die jeweils andere Aspekte, Teile und Eigenschaften der Realität erfassen.

Abbildung 5 zeigt eine gebräuchliche Darstellung eines einfachen Systemmodells als *Pfeildiagramm*. Systeme und Elemente sind als Kreise dargestellt und die Beziehungen zwischen ihnen als Linien oder Pfeile.

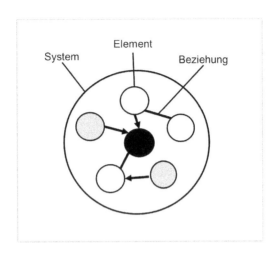

Abbildung 5 System mit Elementen und Beziehungen

Die Definition eines Systems, wie wir es in Varianten verwenden werden, lautet wie folgt:

▶ Definition ◀

Die kleinsten Bestandteile eines Modells nennen wir *Elemente*.

Ein *System* ist eine Menge von Elementen.

Die Anzahl der Elemente des Systems ist ein Maß für seine Größe.

Zwischen Elementen können Beziehungen bestehen.

Durch Gruppierung der Elemente können – bottom up – Strukturen definiert und modelliert werden.

Elemente können von unterschiedlicher Art sein, können unterschiedliche Attribute besitzen und unterschiedliche Attributwerte

Unabhängig von ihrer speziellen Bedeutung unterschieden wir zwei Arten von Beziehungen, über welche zwei Partner gekoppelt sein können:

- Beziehungen, über welche die Partner Energie, Stoffe oder Informationen austauschen. Beispiel: Datenübertragung von IT-System A nach B.
- Beziehungen, welche Verweise auf oder Zuordnungen zu anderen Elementen, Systemen oder logischen Kategorien darstellen. Beispiel: Zuordnung von IT-Systemen zu Geschäftskomponenten oder umgekehrt Zuordnung von Geschäftskomponenten zu IT-Systemen.

2.1.3 Granularität von Systemmodellen

Welche und wie viele reale Objekte wir als Elemente eines Modells wählen, hängt unter anderem davon ab, welche Teile und Aspekte der Realität wir modellieren wollen, aber auch davon, welche Daten zur Verfügung stehen. In Abbildung 6 ist beispielhaft illustriert, wie die unterschiedliche Granularität der Modellierung zu verschiedenen Modellen derselben Objekte führt. Das reale System besteht im Beispiel aus 4 Objekten (große Kreise) zwischen denen 2 Beziehungen (dicke Linien) bestehen. Im Inneren der Objekte befinden sich, eine Hierarchiestufe tiefer, weitere Objekte und deren Beziehungen. Und würde man noch weiter nach innen schauen (Lupe), fände man Objekte einer dritten Hierarchiestufe. Je nachdem, ob wir die Objekte der ersten oder zweiten Hierarchiestufe als Modellelemente wählen, erhalten wir das grob granulare Modell 1 mit lediglich vier Elementen und 2 Beziehungen oder das feingranulare Modell 2 mit 25 Elementen und 12 Beziehungen. Beide Modelle bilden dieselbe Realität in unterschiedlicher Granularität ab. Die Anzahl der Elemente eines Modellsystems ist ein Maß für seine Größe. Das kleinstmögliche Modellsystem besteht aus einem einzigen Element. Fügen wir weitere Elemente als

Abbilder gleichartiger realer Objekte hinzu, wird das zugehörige Modellsystem entsprechend größer. Ein gleichfalls größeres Modellsystem erhalten wir – wie in Abbildung 6 zu sehen, wenn wir die Granularität der Modellierung erhöhen und nunmehr statt der ursprünglichen Objekte ihre Teile betrachten (und modellieren).

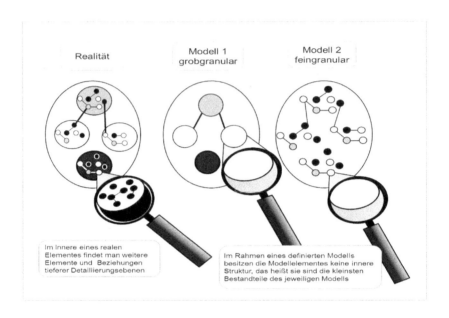

Abbildung 6 Grobgranulares und feingranulares Modell

Sowohl die Modellierung einer größeren Anzahl realer Objekte bei gleicher Granularität als auch die Erhöhung des Detaillierungsgrades der Modellierung der gleichen Ausgangsobjekte führt zur Vergrößerung des Modellsystems. Wir können die Größe des feingranularen Modells jedoch nicht einfach mit der Größe des grobgranularen vergleichen, denn beide modellieren unterschiedliche Arten von Objekten.

Kennzahlen und Visualisierungen zur Komplexität sind nur dann vergleichbar, wenn ihnen ein gemeinsamer Struktur- und Bezugsrahmen zugrunde liegt. Dieser definiert sowohl die Art der Systeme deren Komplexität ermittelt werden soll als auch die Art und Granularität ihrer Elemente und Beziehungen.

2.1.4 Gruppierung von Systemelementen

Die (per Definition) strukturlosen Modellelemente können wir von unten nach oben (bottom up) zu Gruppen, Teilmengen oder Subsystemen gruppieren und diese zu noch höher aggregierten Strukturen.

Aus den modellierten und damit bekannten Elementen und Beziehungen lassen sich sehr einfach gröbere Strukturen (als es die ursprünglichen Elemente sind) definieren und auf diese Weise aggregierte und weniger granulare Modelle ableiten. Umgekehrt können wir die aggregierten Modelle wieder bis zu den definierten Elementen verfeinern.

Das „Zerlegen" der modellierten Elemente in noch kleinere Bestandteile stellt eine weitere Verfeinerung dar, wozu wir zusätzliche Informationen benötigen. Fehlen diese Informationen oder sind sie mit vertretbarem Aufwand nicht zu beschaffen, endet die praktisch machbare Verfeinerung eines Modells bei den bekannten Elementen.

Alle weiteren Aussagen zu den Modellelementen, einschließlich ihrer möglichen, aber nicht modellierten inneren Struktur, erfolgen – mehr oder weniger genau - mittels beschreibender Texte, Attribute und Kennzahlen. Auch die Kenngrößen und Kennzahlen der Komplexität sind Attribute der Systeme und Elemente, für die sie definiert wurden

Überscheidungsfreie Gruppierungen des Modells, die in der Realität eine Entsprechung haben, bezeichnen wir als *Komponenten, Systemkomponenten* oder *Subsysteme*. Formale – ebenfalls überschneidungsfreie - Gruppen oder *Kategorien* entstehen, wenn wir die Elemente des Systems nach einem ihrer Attribute mit endlich vielen Werten sortieren. Eine Kategorie enthält alle Elemente mit jeweils dem gleichen Attributwert. Die Anzahl an Kategorien ist gleich der Anzahl an unterschiedlichen Werten. In Abbildung 7 sind zwei unterschiedliche Gruppierungen der gleichen Systemelemente beispielhaft dargestellt. Die erste Variante zeigt Systemkomponenten, die zweite Variante eine formale Gruppierung oder Kategorisierung von gleichartigen Elementen gemäß ihrer Form plus Farbe.

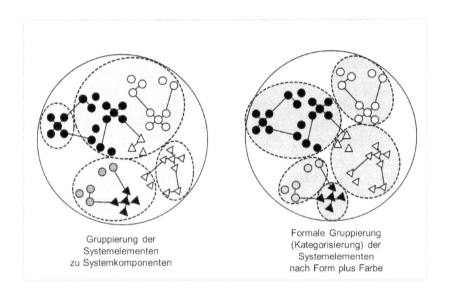

Gruppierung der
Systemelementen
zu Systemkomponenten

Formale Gruppierung
(Kategorisierung) der
Systemelementen
nach Form plus Farbe

Abbildung 7 Gruppierung von Systemelementen

Mit jeder Gruppierung entsteht eine zweistufige hierarchische Struktur aus Gruppen und Elementen. Für jede Gruppe kann man nunmehr angeben, welche Elemente innerhalb und außerhalb der Gruppe liegen. Und für die Beziehungen zwischen zwei Elementen gilt entsprechend:

> **▶ Definition ◀**
>
> Eine Beziehung zwischen zwei Elementen derselben Gruppe heißt *innere* oder *interne* Beziehung und eine Beziehung zwischen zwei Elementen unterschiedlicher Gruppen heißt *äußere* oder *externe* Beziehung (bezüglich der jeweils betrachteten Gruppe).

2.1.5 System und Umgebung

Alles, was nicht zu einem System gehört, stellt seine Umgebung dar. In einem Modell kann man sie entweder explizit als ein zweites System oder implizit über die externen Beziehungen des Systems beschreiben. Die Anzahl der externen Beziehungen ist ein Indikator für den Grad der Offenheit eines Systems zur Umgebung beziehungsweise der Kopplung an die Umgebung.

> **▶ Definition ◀**
>
> Besitzt ein System keine externen Beziehungen, über welche es mit der Umgebung interagiert, heißt es *geschlossen*, im anderen Fall *offen*.

Die Offenheit eines Systems ist Ausdruck seiner Kopplung an die Umgebung und ein Merkmal komplexen Verhaltens. Im Umkehrschluss sind dann geschlossene, isolierte oder schwach gekoppelte Systeme weniger komplex.

2.1.6 Komplexität als Funktion von Größe, Kopplung und Heterogenität

Die objektiven Eigenschaften eines nicht einfachen Dinges oder Sachverhaltes aus Tabelle 1 charakterisieren einen von drei Aspekten der *Strukturellen Komplexität*:

- **Größe** = Anzahl an Teilen eines Ganzen: *mehrteilig, zusammengesetzt*

- **Kopplung/Wechselwirkung** = Beziehungen und Verknüpfungen zwischen den Teilen: *verwoben, verzweigt*

- **Heterogenität** = Vielfalt der Teile: *vielschichtig, facettenreich*

Wir definieren deshalb die *Strukturelle Komplexität* wie folgt:

▶ Definition ◀

Die *Strukturelle Komplexität* eines Systems ist eine Funktion der Anzahl, der Unterschiedlichkeit und der Beziehungen seiner Elemente.

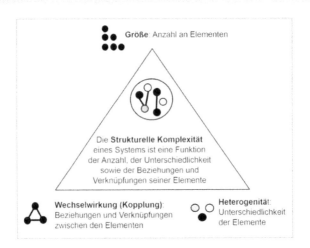

Abbildung 8 Strukturelle Komplexität

Die Aspekte Größe, Wechselwirkung und Heterogenität der Strukturellen Komplexität legen drei Komplexitätsarten nahe:

- Wechselwirkungskomplexität

- Heterogenität

- Größenkomplexität

Diesen drei Komplexitätsarten ordnen wir alle Kennzahlen und Visualisierungen zur Komplexität zu. Dadurch werden zum einen die
Komplexitätsarten konkretisiert und voneinander abgegrenzt und zum
anderen die Komplexitätskennzahlen und Visualisierungen nach den
Ursachen und Aspekten von Komplexität kategorisiert.

Als einfachste Beschreibung der *Strukturellen Komplexität* definieren wir eine Kenngröße für die innere oder eigene Komplexität
eines Systems, die wir *Eigenkomplexität* nennen.

▶ **Definition** ◀

Die *Eigenkomplexität* ist eine einfache Kenngröße beziehungsweise Kennzahl
für die Komplexität eines Systems. Zum Beispiel, um den (relativen) Aufwand
für die Erstellung/Anschaffung von Systemen zu beschreiben oder mittels
eines Komplexitätsindexes die Einteilung von Systemen in Komplexitätsklassen zu ermöglichen. Beispielhafte Werte für die *Eigenkomplexität* sind [*einfach, wenig komplex, komplex, sehr komplex*] oder [*Klasse A, B, C*] oder [*0, 1,
2, 4, 8*].

Da die Elemente eines Modellsystems auf einer weiteren Verfeinerungsstufe gleichfalls Systeme sind, können wir bei Bedarf auch ihnen
einen Eigenkomplexitätswert zuordnen.

2.1.7 Wirkung, Betroffenheit und Wechselwirkung

Komplexes Verhalten weist gemäß
Tabelle 1 die Merkmale *nichtlineare Wirkung, nichtlokale Wirkung, Emergenz* und *Offenheit* auf. Alle diese Merkmale beruhen auf der Wechselwirkung zwischen Systemen, zwischen ihren Elementen oder zwischen einem System und seiner Umgebung. Damit zwei Partner aufeinander wirken können, müssen sie über eine Beziehung oder Verbindung miteinander gekoppelt sein.

Aus dem Kopplungsmuster oder dem Kopplungsgraph von Systemen und Elementen können wir bereits auf die Arten und das Ausmaß der möglichen Wechselwirkung schließen, ohne diese im Detail kennen zu müssen.

Wir unterscheiden drei Arten der Wechselwirkung eines Systems oder Elements mit sich selbst und mit seiner Umgebung:

- Wirkung auf die Umgebung

- Betroffenheit durch die Umgebung

- Interne Wechselwirkung

Da die Umgebung eines Systems gleichfalls ein System darstellt, können die drei Kenngrößen allgemein für die Beschreibung der Wechselwirkung von Systemen, Subsystemen, Gruppen von Elementen und Elementen genutzt werden.

Wirkung und Betroffenheit eines Systems infolge innerer oder äußerer Ereignisse zeigen sich in der Änderung seiner Strukturen oder seines Zustandes. Als nichtlinear bezeichnet man eine Wirkung, wenn eine kleine Ursache eine große Wirkung besitzt. Zwei typische Muster nichtlinearer Wirkungen sind die Kettenreaktion und die zyklische Wechselwirkung. Bei Kettenreaktionen löst jedes Ereignis, mehrere Folgeereignisse aus. Mit jeder Iteration von Folgeereignissen wächst die Gesamtanzahl der Ereignisse einem Potenzgesetz folgend, wie in Abbildung 9 illustriert. Bei Kettenreaktionen pflanzt sich die Wirkung von Ort zu Ort oder Teil zu Teil fort und erfordert zu ihrer vollen Entfaltung viele Teilnehmer. Für eine zyklische Wechselwirkung reichen hingegen bereits zwei Partner, die wechselseitig aufeinander wirken. Allgemeines Kennzeichen der zyklischen Wechselwirkung ist die Rückkopplung. Als solche bezeichnet man die Tatsache, dass eine Wirkung über einen oder mehrere Partner auf den Auslöser selbst zurückwirkt, wodurch sich der Kreis an Folgeereignissen schließt und ein weiterer Zyklus beginnen kann. Die Gesamtzahl an Folgeereignissen auf ein initiales Ereignis ist umso größer je mehr Partner an einem Zyklus beteiligt sind und je häufiger dieser durchlaufen wird.

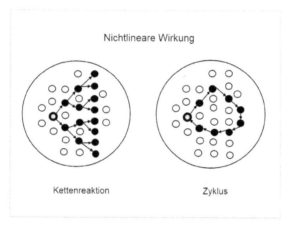

Abbildung 9 Kettenreaktion und Zyklus als nichtlineare Wirkungen

Wenn sich einzelne Ereignisse wie eine Kettenreaktion ausbreiten und zudem noch Rückkopplungen durch Zyklen existieren, ist das Verhalten des Systems besonders komplex und damit schwer voraussagbar und schwierig zu verstehen.

Als weiteren Komplexitätsreiber haben wir die Nichtlokalität der Wirkung ausgemacht, das heißt je weiter Ursache und Wirkung voneinander entfernt sind desto komplexer ist der Vorgang. Umgekehrt sind dann lokale Wirkungen weniger komplex als nicht lokale, weshalb man zum Beispiel die Folgen von Fehlern und Schäden nicht nur im übertragenen, sondern auch im wörtlichen Sinne zu begrenzen versucht.

▶ Definition ◀

Die *Nichtlokalität einer Wirkung* ist gleich der Anzahl an Partnern zwischen Ursache und Wirkung.

2.1.8 Komplex vs. kompliziert

Die Begriffe *komplex* und *kompliziert* haben lateinische Wurzeln:

- complexus = Verknüpfung
- complicare = verwickeln

Die Eigenschaften *verwoben, verzweigt* stehen für Verknüpfungen zwischen den Elementen eines Systems und sind Merkmal und Ursache für dessen Komplexität. Das Wort *verwickelt* beziehungsweise *Verwicklung* steht im übertragenen Sinn für Verwirrung, Wirrwarr und wörtlich für verschlungen.

Einen verschlungenen Gartenschlauch können wir entwirren, so dass er sich als einfache gerade „Linie" darstellt, und seine scheinbare Komplexität verschwindet. Weil unabhängig von der Anzahl der Windungen des Schlauches das Wasser immer nur an einem Ende hinein und am anderen herausfließt, ist ein verschlungener Gartenschlauch strukturell nicht komplex, sondern ein Beispiel für etwas strukturell Einfaches in lediglich komplizierter Erscheinung. Ein verzweigtes Rohrleitungsnetz lässt sich hingegen nicht zu einer einzigen Leitung „ausrollen", denn es besitzt unterschiedliche Enden, Ver-

zweigungen und mannigfaltige Möglichkeiten, wie Wasser darin fließen kann. Wir verwenden deshalb den Begriff *kompliziert* wie folgt:

Kompliziertheit bezieht sich auf die Darstellung oder Beschreibung von Dingen und Sachverhalten sowie die Schwierigkeit, sie zu verstehen.

In Tabelle 2 sind einige Beispiele für einfache und komplizierte Darstellungen des gleichen Sachverhaltes zu sehen.

Beispiel	Einfache Darstellung	Komplizierte Darstellung
Mathematische Beschreibung eines Kreises mit dem Radius R in Polarkoordinaten ☺ und in kartesischen Koordinaten ☹	r=R	$y = (R^2-x^2)^{1/2}$ für $|x|<=R$, $y>=0$ $y = - (R^2-x^2)^{1/2}$ für $|x|<=R$, $y<0$
Abhängigkeitsgraf ohne zyklische Abhängigkeiten mit angemessener Darstellung ☺ und einer alternativen komplizierten, nur formal geordneten Darstellung ☹		
Komplexer Abhängigkeitsgraf mit zyklischen Abhängigkeiten in einfachster ?☺? Darstellung und komplizierterer, formal geordneter Darstellung ?☹?		

Tabelle 2 Beispiele für einfache und komplizierte Darstellungen

In der ersten Zeile stehen die mathematischen Formeln für einen
Kreis, einmal in Polarkoordinaten und einmal unter Verwendung eines
kartesischen Koordinatensystems mit senkrecht aufeinander stehenden
Achsen (x und y). Die Kreisformel r=R=konstant drückt unmittelbar
aus, dass alle Punkte des Kreises vom Mittelpunkt den gleichen Abstand R besitzen. Die Formel ist also im Gegensatz zur x-y-
Darstellung nicht nur einfach, sondern auch anschaulich.

Im zweiten Beispiel sind sieben quadratische Teile, die eine Hierarchie bilden, zu sehen. In der einfachen Darstellung erkennt man die hierarchische Beziehung unmittelbar. Die formal geordnete Anordnung der Quadrate in Reihen und Spalten lässt das hierarchische Muster nicht erkennen und wirkt, was die Verbindungen der Teile betrifft, kompliziert. Und zwar genau so kompliziert wie das darunter befindliche Bild der letzten Tabellenzeile.

Das dritte Beispiel zeigt wiederum zwei Anordnungen von sieben verknüpften Quadraten. Nunmehr scheinen aber im Gegensatz zum vorherigen Beispiel die Anordnungen in Pyramidenform sowie in Reihen und Spalten ähnlich kompliziert zu sein. Ob es eine bessere, weil anschauliche Anordnung gibt, kann man nicht unmittelbar erkennen. Allerdings gibt es eine solche tatsächlich, wie in Abbildung 10 zu sehen ist. Erst dort erkennt man, dass vier der Teile stark miteinander verwoben sind und als Gruppe dargestellt werden können.

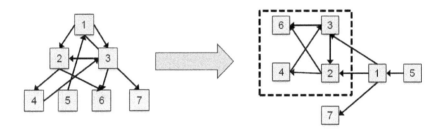

Abbildung 10 Anschauliche Darstellung eines nicht einfachen Systems

Unverändert von ihrer Darstellung bleibt hingegen die Art und Weise, wie die sieben Teile miteinander verknüpft sind und wie sie über ihre Verbindungen miteinander interagieren. Wie man auf systematische Weise anschauliche Darstellungen komplexer Systeme - analog der in Abbildung 10 erhält, ist unter anderem Gegenstand des Kapitels 3.1 *Kopplung und Wechselwirkung.*

2.1.9 Reduzierbare, nicht reduzierbare, angemessene Komplexität

▶ Definition ◀

Reduzierbare Komplexität liegt vor, wenn bei Reduktion der Komplexität eines Systems seine geforderte Funktionalität quantitativ und qualitativ erhalten bleibt.

Von nicht reduzierbarer Komplexität sprechen wir, wenn bei Reduktion der Komplexität eines Systems seine geforderte Funktionalität quantitativ oder qualitativ abnimmt, so dass es seinen Zweck nicht mehr erfüllen kann.

Die Komplexität ist angemessen, wenn sie nicht reduzierbar ist oder der Nutzen einer weiteren Komplexitätsreduzierung gering gegenüber den erforderlichen Kosten ausfällt.

Das Ziel des Komplexitätsmanagements besteht darin, Business und IT zu befähigen und zu unterstützen, eine ihrem Geschäft angemessene Komplexität der fachlichen und IT-technischen Systeme und Prozesse zu definieren, zu realisieren und zu beherrschen.

2.1.10 Induzierte Komplexität

▶ Definition ◀

Von induzierter Komplexität sprechen wir, wenn sich die Abhängigkeiten zwischen Systemen eines bestimmten Typs auf Systeme eines anderen Typs übertragen.

Insbesondere übertragen sich die Abhängigkeiten zwischen IT-Systemen auf die verantwortlichen Organisationseinheiten.

2.1.11 Gefühlte Komplexität

Die Daten einer Benutzerinteraktion durchlaufen die logischen Schichten einer Dreischicht-Architektur über Benutzeroberfläche, Geschäftslogik und Datenhaltung und zurück. Jede Schichten besitzt eine äußere Grenze, über die sie ihre Services bereitstellt zur und durch die sie ihre Interna verhüllt. Schichtgrenzen sind zugleich Sichtgrenzen für einen „vor" der Schicht befindlichen „Beobachter" , wie in Abbildung 11 skizziert.

▶ Definition ◀

Als gefühlte Komplexität eines IT- Systems oder einer Sichtgrenze bezeichnen wir die Komplexität aus Sicht ihrer Benutzer, welche das System über die Schnittstellen seiner Schichten nutzen.

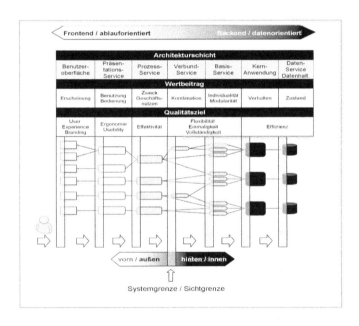

Abbildung 11 Schichtgrenzen = Sichtgrenzen

2.2 Der Strukturrahmen des Komplexitätsmanagements

2.2.1 Systeme und Modelle von Business und IT

Der Strukturrahmen des Komplexitätsmanagements (siehe auch Abbildung 12) umfasst Strukturen von Business und IT, die wir wie folgt gruppieren:

- Fachliche Architektur
- Technische Architektur
- IT-Landschaft

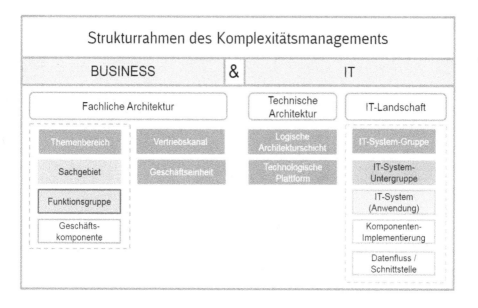

Abbildung 12 IT-Systeme vereinen fachliche und technische Aspekte

Der Strukturrahmen verkörpert das Systemmodell des Komplexitätsmanagements als EAM-Aufgabe, das sich mit der Gestaltung der IT-Landschaft als Ganzes befasst. Die Fachliche Architektur, die Technische Architektur und die IT-Landschaft bilden unterschiedliche Aspekte von Business und IT ab, deren Ausgestaltung und wechselseitige Verknüpfung die Komplexität des Digitalen Business prägt.

Der Strukturrahmen kann für einzelne Ausschnitte der IT-Landschaft erweitert werden, indem der Detaillierungsgrad der Modellierung erhöht wird (siehe Abbildung 13). Die fein granularen Modelle ermöglichen im Rahmen von Softwareprojekten die Erhebung von Kennzahlen zur Softwarekomplexität, die Visualisierung der Kopplung von Softwarekomponenten und das Abschätzen von Entwicklungs- und Testaufwänden.

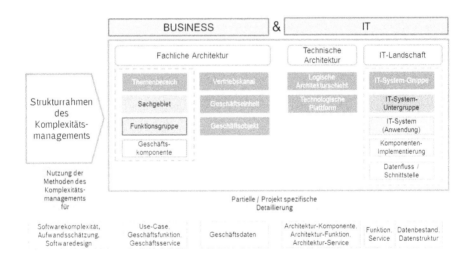

Abbildung 13 Erweiterter Strukturrahmen des Komplexitätsmanagements

Die Geschäftskomponenten-Hierarchie bildet im Strukturrahmen den Kern der *Fachliche Architektur*. Als weitere fachliche Strukturen definieren wir Geschäftseinheiten und Vertriebskanäle sowie ihre wechselseitigen Verknüpfungen und Beziehungen. Die Geschäftskomponenten können – über den Strukturrahmen hinaus - weiter untergliedert werden in Geschäftsfunktionen, Geschäftsservices oder Use Cases.

Die *Technische Architektur* definiert logische Schichten und Komponenten zur Strukturierung der IT-Landschaft und IT-Systeme nach nicht-fachlichen Aspekten, zum Beispiel *Frontend* und *Backend* oder *Präsentationslogik* und *Datenlogik*. Sie enthält Technologievorgaben sowie Konzepte und Lösungen. Und sie kann konkrete Architektur-Komponenten für technische Aspekte der Implementierung der Geschäftsfunktionalität umfassen wie zum Beispiel IT-Sicherheit oder Fehlerbehandlung.

Die IT-Landschaft vereint fachliche und technische Aspekte, indem ihre IT-Systeme die Geschäftskomponenten der *Fachlichen Architektur* gemäß den Implementierungsvorgaben der *Technische Architektur* realisieren und digitalisieren. Die Implementierungen von Geschäftskomponenten in einem IT-System gliedern dieses formal in fachlich-logische Teilsysteme, deren jedes für die Unterstützung einer Geschäftskomponente steht. Diese fachlich-logischen Teilsystemen nennen wir Komponenten-Implementierungen. Die Komponenten-Implementierungen sind die kleinsten fachlichen Elemente des Strukturrahmens,

Die fachliche Komplexität der Geschäftskomponenten überträgt sich als Businesskomplexität auf die IT-Landschaft, deren Systeme die Geschäftsfunktionalität implementieren. Zusätzlich besitzen die IT-Systeme eine weitere Art von Komplexität, die Implementierungskomplexität, die durch die Art und Weise bedingt ist, wie die Implementierung der Geschäftskomponenten durch die IT-Systeme erfolgt.

Für die Komplexität eines IT-Systems (= IT-Komplexität) gilt (siehe auch Abbildung 14):

IT-Komplexität = Businesskomplexität + Implementierungskomplexität

Die Komplexität eines einzelnen IT-Systems oder der gesamten IT-Landschaft kann nicht geringer sein als die Businesskomplexität der automatisierten und digitalisierten Geschäftsprozesse. Und nur gemeinsam sind Fachbereiche und IT in der Lage, die Komplexität des Digitalen Business zu reduzieren. Weil die Businesskomplexität einen wesentlichen Teil der IT-Komplexität ausmacht, blähen komplexe Fachprozesse mit zahlreichen Sonderfällen, Ungereimtheiten und Redundanzen jede noch so schlanke und einfache technische Lösung auf.

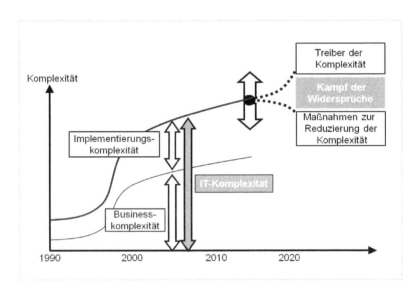

Abbildung 14 IT-Komplexität = Business- + Implementierungskomplexität

2.2.2 Zweck des Strukturrahmens

Der Strukturrahmen als eigenständiges Systemmodell des Komplexitätsmanagements dient folgendem Zweck:

- Er verkörpert das Systemmodell des Komplexitätsmanagements als EAM-Aufgabe, das sich mit der Gestaltung der IT-Landschaft als Ganzes befasst.

- Er definiert die Systeme, Objekte und Beziehungen, deren Komplexität ermittelt, bewertet und gesteuert werden soll und ebenso die Objekte und Strukturen, welche der Definition von Komplexitätskennzahlen und Visualisierungen dienen

- Er liefert das stabile Koordinatensystem und den gleichbleibenden Maßstab für die Komplexitätskennzahlen und Visualisierungen und ihrer Veränderung.

- Er sichert die notwendige Stabilität von Modellen und Basisdaten, weil er unabhängig ist von ähnlichen Ordnungsrahmen, die im Rahmen des Enterprise Architektur Managements oder von Projekten benutzt und geändert werden.

- Er umfasst die Basisdaten, auf deren Grundlage die Komplexitätskennzahlen berechnet und Visualisierungen erstellt werden.

2.2.3 Stellgrößen des Komplexitätsmanagements

Die Verteilung der Geschäftsfunktionalität auf IT-Systeme bestimmt die technisch-organisatorische Kopplung von Geschäftskomponenten durch ihre gemeinsame Implementierung in IT-Systemen sowie die fachliche Kopplung von IT-Systemen durch gemeinsam digitalisierte Geschäftskomponenten, weshalb die Art der Verteilung ein wesentliches Steuerelement des Komplexitätsmanagements darstellt. Die Geschäftsfunktionalität wird im Strukturrahmen durch die Geschäftskomponenten-Hierarchie repräsentiert, welche die Fachlichkeit hinreichend granular und vollständig abbildet, und im Rahmen des Komplexitätsmanagements so stabil bleibt, dass die Komplexität ihrer unterschiedlichen Implementierungsstände und Implementierungsszenarien bewertet und miteinander verglichen werden kann. Außer der Geschäftskomponenten-Hierarchie sind im Strukturrahmen auch die Vertriebskanäle und Architekturschichten insofern stabil, dass sie für unterschiedliche Szenarien der IT-Landschaft jeweils gleich sind. Hingegen können sich die IT-Systeme für verschiedene Zeitpunkte und Szenarien unterscheiden, und ebenso ihre Funktionalität, Datenflüsse, Plattformen und organisatorischen Zuordnungen.

Wir definieren und erläutern in den folgenden Kapiteln die Komplexitätskenngrößen und Visualisierungen für Aspekte oder Arten von Komplexität, die wir mittels des Strukturrahmens und seiner Basisdaten ermitteln, bewerten und vergleichen können:

- Verteilung der Funktionalität der Geschäftskomponenten auf IT-Systeme, Architektur-Schichten oder Vertriebskanäle

- Kopplung der Geschäftskomponenten durch ihre gemeinsame Implementierung in IT-Systemen

- Fachliche Kopplung der IT-Systeme durch die (teilweise oder gänzliche) Implementierung gleicher Geschäftskomponenten

- Kopplung von IT-Systemen und Geschäftskomponenten durch Datenflüsse

- Kopplung von Geschäftseinheiten durch „ihre" IT-Systeme und deren Beziehungen

- Unterschiedlichkeit von Geschäftskomponenten und IT-Systemen hinsichtlich ausgewählter Merkmale

- Kennzahlen und Visualisierungen für Gruppierungen von Geschäftskomponenten

- Klassifizierung von Systemen bezüglich ihrer Stabilität bezüglich eigener Änderungen und Änderungen ihres Umfelds.

Weitere Komplexitätsgrößen bedürfen einer Detaillierung der Geschäftskomponenten und IT-Systeme über die Granularität des Strukturrahmens hinaus:

- Wirkung von Änderungen einzelner Elemente und Systeme auf ihre Umgebung in Form von Folgeänderungen

- Abschätzung des (relativen) Aufwandes zur Erstellung oder Anpassung von IT-Systemen

Die zugehörigen Methoden und Visualisierungen sind im Kapitel 3.2 *Die Ausbreitung von Wirkungen* beziehungsweise 3.4 *Eigen- und Größenkomplexität* erläutert.

2.3 Systemmodell-Erstellung mit Beispiel eines fiktiven Warenhauses

2.3.1 Aufbereitung der Basisdaten des Komplexitätsmanagements

Als Basisdaten des Komplexitätsmanagements bezeichnen wir die Menge der Elemente und Beziehungen des Strukturrahmens für eine IT-Landschaft in einem definierten Status oder Szenario wie zum Beispiel den IST-Stand oder ein ZIEL-Szenario. Die schrittweise Aufbereitung der Basisdaten ist in Abbildung 15 illustriert.

In größeren Unternehmen existiert zumeist ein EAM-Repository, in dem die aktuellen IT-Systeme, ihre Datenflüsse und Technologiebausteine sowie die verantwortlichen Organisationseinheiten mehr oder weniger vollständig dokumentiert sind. Ein Abzug dieser Informationen liefert die Basisdaten zu den IT-Systemen für den IST-Zustand der IT-Landschaft zu diesem Zeitpunkt.

Die Geschäftskomponenten-Hierarchie orientiert sich an den vorhandenen Geschäfts-Domänen und Geschäftsfunktionen, muss aber für die Zwecke des Komplexitätsmanagements explizit definiert werden. Sie gibt einen Überblick über die Funktionalität der IT-Landschaft, gruppiert fachlich zusammengehörige Funktionen und Daten in den Geschäftskomponenten und stellt den fachlichen Ordnungsrahmen für Ziel-IT-Landschaft dar. Durch Zuordnung der Geschäftskomponenten zu IT-Systemen (und umgekehrt) werden Business und IT im Kontext des Strukturrahmens miteinander verknüpft. Ordnet man die Quellen und Ziele der Datenflüsse zwischen den IT-Systemen gleichfalls einzelnen Geschäftskomponenten zu, kann man die Datenflüsse zwischen den Geschäftskomponenten ableiten.

In den folgenden Kapiteln werden wir die einzelnen Schritte zur Aufbereitung der Basisdaten anhand der IT-Landschaft eines fiktiven Warenhauses beispielhaft durchführen und erläutern.

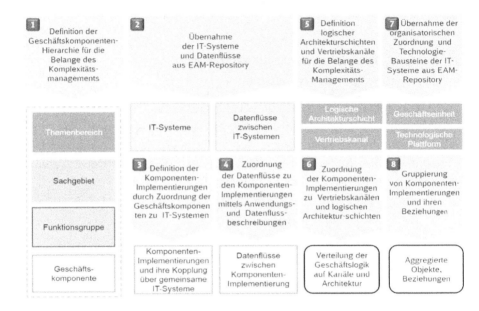

Abbildung 15 Schritte zur Bereitstellung der Basisdaten

2.3.2 Geschäftskomponenten

Die Anzahl und die Namen der Hierarchieebenen oberhalb der Geschäftskomponenten dienen ihrer Gliederung und Zusammenfassung nach sachlichen Gesichtspunkten. Für unser fiktives Warenhaus definieren wir eine Geschäftskomponenten-Hierarchie mit vier Ebenen:

- Themenbereich
- Sachgebiet
- Funktionsgruppe
- Geschäftskomponente

Bei der Namensgebung vermeiden wir bewusst die Bezeichnungen *Geschäftsdomäne*, *Subdomäne* und *Geschäftsfeld*, um Überscheidungen und Verwechslungen mit ähnlichen Schemata zu umgehen. Themenbereiche und Sachgebiete stellen die obersten fachlichen Gliederungsebenen der Geschäftskomponenten dar:

- Der Themenbereich *Kunde* umfasst die Verwaltung und Pflege der Kundenbeziehungen und der zugehörigen Daten.

- Der Themenbereich *Verkauf* bildet in seinen Sachgebieten wesentliche Schritte des Vertriebsprozesses ab.

- Im Themenbereich *Querschnitt* wird Fachlichkeit, welche die Mitarbeiter des Warenhauses betrifft, zusammengefasst.

Funktionsgruppen fassen fachlich-logisch zusammengehörige Geschäftskomponenten der Sachgebiete zusammen. Existiert zu einem Sachgebiet nur eine einzige Funktionsgruppe, können beide gleich bezeichnet werden (müssen aber nicht).

Abbildung 16 Beispiel-Warenhaus: Gliederung der Geschäftskomponenten

Die Kunden-Interaktionskanäle sind sowohl Vertriebskanäle als auch Kontaktpunkte zum Kunden vor und nach dem Verkauf. Die Geschäftskomponenten des Sachgebietes *Kunden-Interaktionskanäle* sind deshalb per Definition kanal-spezifisch, die Geschäftskomponenten aller anderen Sachgebiete hingegen nicht. Ebenfalls per Definition soll der Produktkatalog aus modularen, kombinierbaren Geschäftskomponenten bestehen. Durch die explizite Unterscheidung zwischen kanal-spezifischen und zentralen Geschäftskomponenten sowie die Modularisierung des Produktkataloges unterstützt die Fachliche Architektur grundlegende qualitative Ziele des Digitalen Business.

- Vertriebskanalspezifische Geschäftskomponenten und Anwendungen gewährleisten die notwendige Flexibilität und Unabhängigkeit der Vertriebskanäle.

- Nicht kanalspezifische Funktionen, Services und Daten garantieren Gleichheit und Durchgängigkeit dort, wo sie der Kunde erwartet.

- Die modulare Struktur der Komponenten des Produktkataloges schafft Flexibilität durch Aggregation und Kombination.

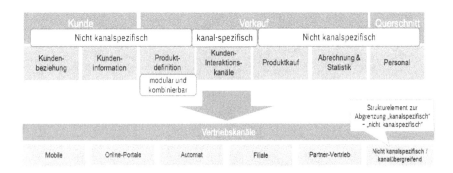

Abbildung 17 Beispiel-Warenhaus: Kundeninteraktionskanäle = Vertriebskanäle

Die Geschäftskomponenten des Beispiel-Warenhauses sind in den folgenden beiden Abbildungen zu sehen. Gegenstand der Geschäftskomponenten der Themenbereiche *Kunde*, *Querschnitt* und *Verkauf* sind Kunden, Mitarbeiter oder der Verkaufsprozess.

Abbildung 18 Beispiel-Warenhaus: Geschäftskomponenten / 1

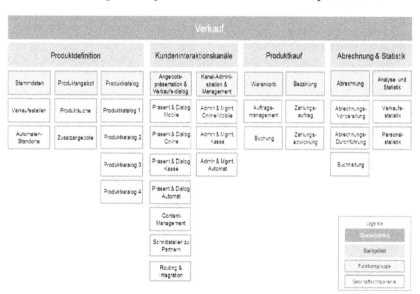

Abbildung 19 Beispiel-Warenhaus: Geschäftskomponenten / 2

Die Geschäftskomponenten-Hierarchie stellt ein zentrales Struktu-relement bei der Gestaltung der IT-Landschaft und des Digitalen Business dar:

- Sie definiert die fachlich-logischen Bausteine zur Verortung und Strukturierung der aktuellen und künftig angestrebten Funktionalität des Digitalen Business.

- Das Zusammenspiel der Geschäftskomponenten in Business-Services und Geschäftsprozessen erfordert und spezifiziert wechselseitige Liefer- und Leistungsbeziehungen in Form von Serviceaufrufen und Datenflüssen.

- Die Verteilung der Geschäftskomponenten-Implementierungen auf IT-Systeme, Architekturschichten und Vertriebskanäle bestimmt wesentlich die Komplexität der IT-Landschaft.

2.3.3 IT-Systeme und Datenflüsse

IT-Systeme unterstützen und realisieren die Geschäftskomponenten und Geschäftsprozesse:

- Ein IT-System unterstützt eine Geschäftskomponente, wenn deren Funktionen und Daten gänzlich oder teilweise in diesem IT-System implementiert, d.h. realisiert und digitalisiert sind.

- Ein IT-System kann eine oder mehrere Geschäftskomponenten unterstützen.

- Die Implementierung einer Geschäftskomponente kann in einem oder mehreren IT-Systemen erfolgen.

Die IT-Systeme und ihre Datenflüsse werden zeitgleich dem EAM-Repository entnommen und bei Bedarf manuell ergänzt.

Anwendungs-ID	App-Bezeichnung	Anwendungs-Eigentümer	Anwendung Status
A-100023	Verkaufsstatistiken	Erlösstatistik	Aktiv
A-100026	Analyse-Statistik-System	Erlösstatistik	Aktiv
A-100027	Bargeld-Management	Kassenprozesse	Aktiv
A-100029	Umsatz DB	Erlösabrechnung	Aktiv
A-100030	Anzahlungsmanagement	Kassenprozesse	Aktiv
A-100031	Forderungsmanagement	Elektronische Zahlungsprozesse	Aktiv
A-100032	Verkaufsbuchhaltung	Kassenprozesse	Aktiv
A-100041	Tourenplaner	Datenmanagement	Aktiv
A-100113	Verkaufsservice-Broker	IT-Management Verkaufsplattform	Aktiv
A-100203	Erlösaufteilung	Erlösabrechnung	Aktiv

Datenfluss-ID	Quellanwendungs-ID	Zielanwendungs-ID	Verbindungsfrequenz	Verbindungstyp
10877	A-100272	A-100307	Täglich	Batch
14290	A-100436	A-100312	Echtzeit	Online
14279	A-100225	A-100312	Echtzeit	Online
14285	A-100113	A-100312	Echtzeit	Online
14294	A-100575	A-100312	Echtzeit	Online
21247	A-100113	A-100319	Echtzeit	Online
21542	A-100579	A-100319	Stichtag	Batch
10602	A-100867	A-100320	Bei Bedarf	Online
20148	A-100515	A-100333	Echtzeit	Online
19256	A-100472	A-100333	Täglich	Online
22082	A-100026	A-100430	Täglich	Batch

Abbildung 20 Beispiel-Warenhaus: IT-Systeme und Datenflüsse

▶ Definition ◀

Die Implementierungen von Geschäftskomponenten in einem IT-System gliedern dieses formal in fachlich-logische Teilsysteme, deren jedes für die Unterstützung einer Geschäftskomponente steht. Diese fachlich-logischen Teilsystemen nennen wir Komponenten-Implementierungen.

Praktisch findet man die Komponenten-Implementierungen eines IT-Systems, indem man für alle Geschäftskomponenten prüft, inwieweit das System deren Funktionalität teilweise oder gänzlich implementiert. Diese Aufgabe erfordert das Expertenwissen über IT-Systeme und Geschäftskomponenten. Im Ergebnis mehrerer Iterationen erhält man letztendlich eine Liste mit Zuordnungen von Geschäftskomponenten zu IT-Systemen, wie in Abbildung 21 beispielhaft dargestellt.

Komponenten-Implementierung

App-Id	BC-ID	App-ID+Komp-ID	App-Bezeichnung	Geschäftskomponente (BC)	Vertriebskanal
A-100257	K-065	A-100257-K-065	Produktauskunft	Produktsuche	Online-Portale
A-100258	K-018	A-100258-K-018	Internet-Verkaufssystem	Kampagnen-Management	Online-Portale
A-100258	K-023	A-100258-K-023	Internet-Verkaufssystem	Kundendaten	Online-Portale
A-100258	K-034	A-100258-K-034	Internet-Verkaufssystem	Angebotspräsentation & Verkaufsdialog Online-Portale	Online-Portale
A-100258	K-051	A-100258-K-051	Internet-Verkaufssystem	Schnittstellen zu Partnern	Partner-Vertrieb
A-100258	K-036-3	A-100258-K-036-3	Internet-Verkaufssystem	Kanal-Administration & - Management Online-Portale	Online-Portale
A-100258	K-006	A-100258-K-006	Internet-Verkaufssystem	Auftragsmanagement	Online-Portale
A-100258	K-060	A-100258-K-060	Internet-Verkaufssystem	Buchung	Online-Portale
A-100258	K-044-2	A-100258-K-044-2	Internet-Verkaufssystem	Zahlungsabwicklung	Online-Portale
A-100258	K-044-1	A-100258-K-044-1	Internet-Verkaufssystem	Zahlungsauftrag	Online-Portale
A-100261	K-034	A-100261-K-034	GroßKd.-Portal	Angebotspräsentation & Verkaufsdialog Online-Portale	Online-Portale
A-100262	K-034	A-100262-K-034	PrivatKd.-Portal	Angebotspräsentation & Verkaufsdialog Online-Portale	Online-Portale

Abbildung 21 Beispiel für die Definition der Komponenten-Implementierungen

Die Komponenten-Implementierungen verknüpfen die Geschäftskomponenten mit den IT-Systemen und somit die Fachliche Architektur des Strukturrahmens des Komplexitätsmanagements mit der IT-Landschaft und deren Technischer Architektur.

Für die Definition der Komponenten-Implementierungen können die Fachexperten neben ihrem Wissen alle vorhandenen Funktionsbeschreibungen von IT-Systemen, Geschäftsprozessen und Services nutzen. Die Beschreibungen, Begriffe, Bezeichnungen und grafische Darstellungen dürfen heterogen und unvollständig sein. Denn sie dienen lediglich als Hilfsmittel zur Unterstützung der Fachexperten bei der Zuordnung der Geschäftskomponenten zu IT-Systemen.

Die Komponenten-Implementierung als fachlich-logische Abstraktion eines Bündels von IT-Funktionen und IT-Services ist das geeignete Strukturelement, um die Verteilung von Geschäftsfunktionalität auf IT-Systeme abzubilden und die IT-Landschaft des Digitalen Business ganzheitlich zu gestalten.

Wie man in Abbildung 21 sieht, ist die Zuordnung von Geschäftskomponenten zu IT-Systemen symmetrisch, Denn die Komponenten-Implementierungen untergliedern nicht nur die Funktionalität von IT-Systemen gemäß ihrer fachlichen Unterstützung von Geschäftskomponenten sondern auch die Funktionalität der Geschäftskomponenten gemäß ihrer Realisierung in IT-Systemen. In Abbildung 22 ist dieser Sachverhalt nochmals illustriert.

Die wechselseitige Zuordnung von Geschäftskomponenten und IT-Systemen über die Komponenten-Implementierungen ist Ausdruck der Kopplung von Geschäftskomponenten über gemeinsame IT-Systeme und von IT-Systemen über gemeinsame Geschäftskomponenten.

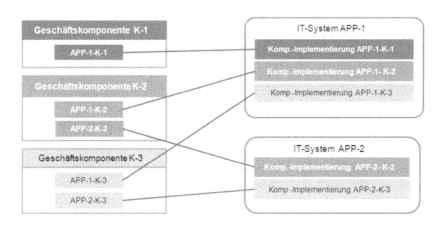

Abbildung 22 Wechselseitige Zuordnung von Geschäftskomponenten und IT-Systemen

2.3.4 Datenflüsse zwischen Geschäftskomponenten

Durch Zuordnung der Datenflüsse der IT-Systeme zu deren Komponenten-Implementierungen können die Datenflüsse zwischen Geschäftskomponenten ermittelt werden, wie in Abbildung 23 illustriert.

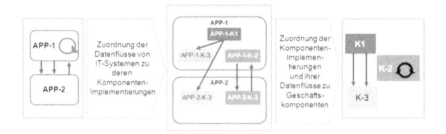

Abbildung 23 Ermittlung der Datenflüsse zwischen Geschäftskomponenten

Implementiert ein IT-System nur eine Geschäftskomponente, ist diese Ziel oder Quelle der Datenflüsse, ansonsten erfolgt die Zuordnung der Datenflüsse zu Geschäftskomponenten manuell, zum Beispiel mittels der Beschreibungen der IT-Systeme, Datenflüsse und Datenobjekte. Gehören die übertragenen Daten fachlich zu mehr als einer Komponenten-Implementierung des Quell- oder Ziel-Systems, führt ein einzelner Datenfluss zwischen IT-Systemen zu mehreren Datenflüssen zwischen Geschäftskomponenten.

Beispiel: Das IT-System *CRM-Firmenkunden* überträgt in einem Datenfluss Kunden- und Rabattinformationen an das System *Datapool* zwecks Vorbereitung der Abrechnung. Fachlich entspricht diese Datenübertragung zwei Datenflüssen zwischen den Geschäftskomponenten *Kundendaten* und *Abrechnungsvorbereitung* bzw. *Loyalty-Management* und *Abrechnungsvorbereitung*.

2.3.5 Kopplungsarten von IT-Systemen und Geschäftskomponenten im Überblick

Kopplung und Wechselwirkung sind ein Merkmal und eine der wesentlichen Ursachen von Komplexität. Für IT-Systeme und Geschäftskomponenten unterscheiden wir drei grundlegende Arten von Kopplung:

- Kopplung von Geschäftskomponenten durch die gemeinsame Implementierung im selben IT-Systeme

- Fachliche Kopplung von IT-Systemen durch Implementierungen derselben Geschäftskomponente

- Kopplung von IT-Systemen beziehungsweise Geschäftskomponenten durch Datenflüsse

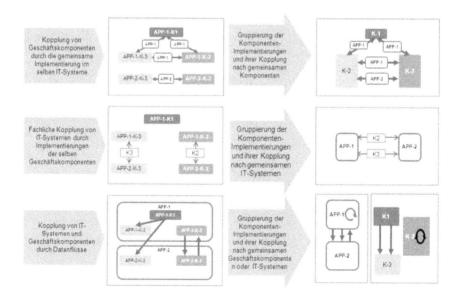

Abbildung 24 Kopplung von Geschäftskomponenten und IT-Systemen

In unserem Systemmodell sind die Komponenten-Implementierungen die kleinsten Implementierungsartefakte und damit die Basiselemente, welche über gemeinsame IT-Systeme, Geschäftskomponenten oder Datenflüsse gekoppelt sind. Gruppiert man die Komponenten-Implementierungen (und ihre relevanten Kopplungen) nach gemeinsamen Geschäftskomponenten oder IT-Systemen, wie in Abbildung 24 skizziert, erhält man die Kopplungsgraphen für Geschäftskomponenten beziehungsweise IT-Systeme. Da Kopplungsarten unterscheiden sich inhaltlich, aber nicht strukturell, weshalb wir für sie ähnliche Komplexitäts-Kennzahlen und -Visualisierungen definieren können.

2.4 Komplexität der IT-Systeme

2.4.1 Kennzahlenüberblick für IT-Systeme

Komplexitätskennzahl des IT-Systems	Art und Aspekt der Komplexität, für welche die Kennzahl Indikator oder Maßzahl ist		
	Größen-Komplexität	Wechselwirkungs-Komplexität	Heterogenität
Anzahl Komponenten-Implementierungen des IT-Systems (= Geschäftskomponenten, die es ganz oder teilweise implementiert)	Fachlicher Umfang von IT-Systemen		Fachliche Vielfalt von IT-Systemen
Beitrag der Komponenten-Implementierungen des IT-Systems zur Gesamt- Implementierungs-Kopplungsstärke der Geschäftskomponenten		Kopplung der Geschäftskomponenten über gemeinsame Implementierung im selben IT-System	
Fachliche Kopplungsstärke des IT-Systems mit anderen IT-Systemen durch Implementierung gleicher Geschäftskomponenten		Fachliche Kopplung von IT-Systemen	
Anzahl Schnittstellen des IT-Systems		Kopplung der IT-Systeme über Datenflüsse	
Teilmengen Externe, interne, Input- oder Output-Schnittstellen		Kopplung der IT-Systeme über Datenflüsse	
Anzahl unterschiedlicher Geschäftskomponenten, mit denen das IT-System über externe Schnittstellen Daten austauscht			Fachliche Vielfalt der Datenflüsse von IT-Systemen
Anzahl unterschiedlicher Geschäftskomponenten, die ein IT-System (ganz oder teilweise) implementiert oder mit denen es über externe Schnittstellen Daten austauscht	Fachlicher Umfang von IT-Systemen		Fachliche Vielfalt von IT-Systemen
Anzahl verantwortlicher Organisationseinheiten für die Schnittstellen-Partner des IT-Systems			Organisatorische Vielfalt von IT-Systemen
Anzahl Betriebssystem-Typen, Technologie-Plattformen, Programmiersprachen etc. der Implementierungen des IT-Systems			Technologische Vielfalt von IT-Systemen

Tabelle 3 Komplexitätskennzahlen für IT-Systeme

2.4.2 Gemeinsame Implementierung von Geschäftskomponenten in IT-Systemen

Für die Komplexität der Implementierung der Geschäftsfunktionalität in einem IT-System definieren wir folgende Kennzahlen.:

Komplexitätskennzahl Des IT-Systems	Art und Aspekt der Komplexität, für welche die Kennzahl Indikator oder Maßzahl ist		
	Größen-Komplexität	Wechselwirkungs-Komplexität	Heterogenität
Anzahl Komponenten-Implementierungen des IT-Systems (= Geschäftskomponenten, die es ganz oder teilweise implementiert)	Fachlicher Umfang von IT-Systemen		Fachliche Vielfalt von IT-Systemen
Beitrag der Komponenten-Implementierungen des IT-Systems zur Gesamt- Implementierungs-Kopplungsstärke der Geschäftskomponenten		Kopplung der Geschäfts-komponenten über gemeinsame Implementierung im selben IT-System	

Die Anzahl Komponenten-Implementierungen eines IT-Systems ist gleich der Anzahl (unterschiedlicher) Geschäftskomponenten, deren Funktionalität das IT-System gänzlich oder teilweise implementiert, und somit eine Kennzahl für den fachlichen Umfang und die fachliche Vielfalt des IT-Systems. Ihre gemeinsame Implementierung im selben IT-System koppelt die Geschäftskomponenten hinsichtlich des Quelltextes, der Laufzeitkomponenten sowie der Entwicklungs- und Testprozesse. Änderungen an einer der Komponenten-Implemen-tierungen des IT-Systems können sich deshalb auf das IT-System und dessen Funktionalität als Ganzes auswirken.

▶ Definition ◀

Die Kopplung zweier Geschäftskomponenten durch ihre Implementierung im selben IT-System beschreiben wir – nicht zuletzt mangels fehlender Detailin-formationen – als einfache wechselseitige Beziehung, welche durch einen Doppelpfeil (mit 2 Spitzen) symbolisiert wird. Als zugehörige Kopplungsstärke definieren wir immer den Wert 2 (= Anzahl der Pfeilspitzen).

Gemäß unserer Definition sind alle Komponenten-Implementierungen eines IT-Systems wechselseitig mit jeweils der Kopplungsstärke 2 gekoppelt. Für ein IT-System, das N Geschäftskomponenten implementiert, besitzt jede Komponenten-Implementierungen (N-1) Kopplungs-Partner, an die es in Summe mit der Implementierungs-Kopplungsstärke von 2*(N-1) gekoppelt ist. Der Beitrag des IT-Systems zur Gesamt-Implementierungs-Kopplungsstärke der Geschäftskomponenten beziehungsweise der IT-Landschaft ergibt sich dann zu 2*N*(N-1) (siehe auch die Beispiele in Abbildung 25).

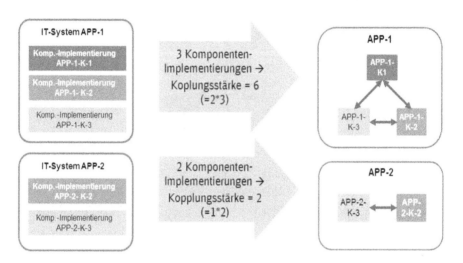

Abbildung 25 Kopplung der Komponenten-Implementierungen eines IT-Systems

▶ Hinweis ◀

Die Kennzahl *Implementierungs-Kopplungsstärke* ist gleichfalls für Geschäftskomponenten und deren Gruppierungen definiert.

2.4.3 Kopplung von IT-Systemen durch gemeinsame Geschäftskomponenten

In den vorangegangenen Abschnitten haben wir die Kopplung von Geschäftskomponenten beziehungsweise ihrer Komponenten-Implementierungen durch ihre gemeinsame Realisierung im selben IT-Systemen betrachtet. Umgekehrt werden IT-Systeme durch eine gemeinsame Geschäftskomponente fachlich gekoppelt, wenn deren Funktionalität sie implementieren, (siehe auch Abbildung 26).

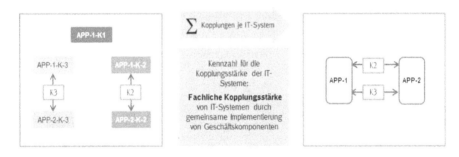

Abbildung 26 Kopplung von IT-Systemen durch die Implementierung gleicher Geschäftskomponenten

Als Komplexitätskennzahl der fachlichen Kopplung der IT-Systeme definieren wir die fachliche Kopplungsstärke in analoger Weise wie die Implementierungs-Kopplungsstärke:

▶ Definition ◀

Die Kopplung zweier IT-Systeme durch Implementierung der gleichen Geschäftskomponente beschreiben wir – nicht zuletzt mangels fehlender Detailinformationen – als einfache wechselseitige, symmetrische Beziehung, welche durch zwei Pfeile mit unterschiedlicher Richtung oder einen Doppelpfeil mit 2 Spitzen symbolisiert wird. Als zugehörige Kopplungsstärke definieren wir immer den Wert 2 (= Anzahl der Pfeilspitzen).

Komplexitätskennzahl des IT-Systems	Art und Aspekt der Komplexität, für welche die Kennzahl Indikator oder Maßzahl ist		
	Größen-Komplexität	Wechselwirkungs-Komplexität	Heterogenität
Fachliche Kopplungsstärke des IT-Systems mit anderen IT-Systemen durch Implementierung gleicher Geschäftskomponenten		Fachliche Kopplung von IT-Systemen	

Der Beitrag einer Geschäftskomponente mit M Komponenten-Implementierungen (IT-Systemen) zur fachlichem Kopplung der IT-Systeme der IT-Landschaft beträgt 2*M*(M-1). Das heißt.:

Eine größere Fragmentierung der Implementierung einer Geschäftskomponente geht einher mit der Zunahme der fachlichen Kopplung der zugehörigen IT-Systeme.

Da IT-Systeme mehrere Geschäftskomponenten implementieren können, sind sie möglicherweise auch über unterschiedliche Geschäftskomponenten fachlich gekoppelt.

Einen Gesamteindruck der fachlichen Kopplung aller IT-Systeme über gemeinsame Geschäftskomponenten liefert die Kopplungs- oder Wechselwirkungsmatrix, die wir im Kapitel 3.1 *Kopplung und Wechselwirkung* beschreiben und erläutern.

In Abbildung 27 ist die Kopplungsmatrix für die fachliche Kopplung der IT-Systeme des Beispiel-Warenhauses zu sehen. Der Zahlenwert eines Matrixelementes steht für die Kopplungsstärke der beiden gekoppelten IT-Systeme zur jeweiligen Matrixzeile und Matrixspalte. IT-Systeme, die lediglich Funktionalität einer einzigen Geschäftskomponente implementieren, sind nur durch diese Komponente gekoppelt und bilden eine eigenständige isolierte IT-Systemgruppe, welche in der Darstellung der Kopplungsmatrix als quadratischer, isolierter Block auf der Hauptdiagonale erscheint. IT-Systemen, die Funktionalität mehrerer Geschäftskomponenten implementieren, sind durch verschiedene Komponenten gekoppelt. Sie sind noch als Cluster auf der Hauptdiagonale der fachlichen Kopplungsmatrix erkennbar, doch auch außerhalb der Hauptdiagonale existieren zahlreiche weitere nicht leere Matrixelemente.

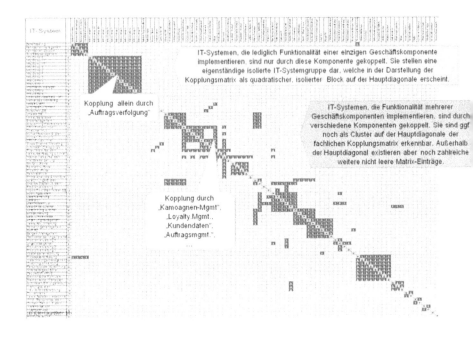

Abbildung 27 Beispiel-Warenhaus: Kopplungsmatrix für die fachliche Kopplung von IT-Systemen durch gemeinsame Geschäftskomponenten

2.4.4 Kopplung von IT-Systemen durch Datenflüsse

Wir beschreiben die Kopplung von IT-Systemen durch Datenflüsse mittels nachstehender Komplexitätskennzahlen.

Komplexitätskennzahl des IT-Systems		Art und Aspekt der Komplexität, für welche die Kennzahl Indikator oder Maßzahl ist		
		Größen-Komplexität	Wechselwirkungs-Komplexität	Heterogenität
Anzahl Schnittstellen des IT-Systems			Kopplung der IT-Systeme über Datenflüsse	
Teil-mengen	Externe, interne, Input- oder Output-Schnittstellen		Kopplung der IT-Systeme über Datenflüsse	
Anzahl unterschiedlicher Geschäftskomponenten, mit denen das IT-System über externe Schnittstellen Daten austauscht				Fachliche Vielfalt der Datenflüsse von IT-Systemen

Gehören Quelle und Ziel eines Datenflusses zum selben IT-System, handelt es sich um einen (zu diesem IT-System) internen Datenfluss, ansonsten um einen externen Datenfluss. Ein einzelner externer Datenfluss verbindet jeweils zwei IT-Systeme. Er geht von einer Output-Schnittstelle des Datenlieferanden (Quelle) aus und übergibt die Daten an die Input-Schnittstelle des Datenempfängers (Ziel). Die Anzahl externer Schnittstellen eines IT-Systems wird wesentlich bestimmt durch den fachlichen Datenaustausch und steht für die Stärke der Kopplung über Datenflüsse mit anderen IT-Systemen. Die Anzahl interner Schnittstellen eines IT-Systems ist ein Maß für die Stärke der inneren Kopplung seiner Komponenten über Datenflüsse. Interne Datenflüsse sind in unserem Modell des Strukturrahmens nicht explizit modelliert. Fassen wir IT-Systeme allerdings zu überschneidungsfreien Gruppen zusammen und betrachten deren Datenflüsse, können Datenflüsse bezüglich der Gruppen sowohl intern (Quelle und Ziel in gleicher Gruppe) als extern (Quelle und Ziel in verschiedenen Gruppen) sein.

Als Kennzahl für die fachliche Vielfalt der Datenflüsse eines IT-Systems können wir die Anzahl unterschiedlicher Partner-Geschäftskomponenten nutzen, mit denen das IT-System über seine Datenflüsse verbunden ist. (Hierzu müssen wir jedoch zuvor die Datenflüsse der IT-Systeme den Geschäftskomponenten beziehungsweise ihren Komponenten-Implementierungen zuordnen, wie in Abschnitt 2.3.4 beschrieben.)

Einen Gesamteindruck der Kopplung aller IT-Systeme über gemeinsame Datenflüsse liefert die Schnittstellenmatrix, die wir im Kapitel 3.1 *Kopplung und Wechselwirkung* beschreiben und erläutern.

Die Schnittstellenmatrix des Beispiel-Warenhauses in Abbildung 28 zeigt mehrere zentrale IT-Systeme mit Schnittstellen zu vielen anderen Systemen, aber auch zahlreiche Punkt-zu-Punkt-Verbindungen zwischen einzelnen IT-Systemen.

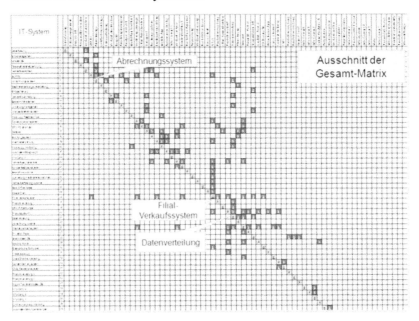

Abbildung 28 Beispiel-Warenhaus: Schnittstellenmatrix der IT-Systeme

2.4.5 Kopplung von Geschäftseinheiten durch Datenflüsse der IT-Systeme

Abhängigkeiten zwischen IT-Systemen durch gemeinsame Datenflüsse führen zu organisatorischen Abhängigkeiten, wenn die Schnittstellenpartner zu unterschiedlichen Geschäftseinheiten gehören. Die auf diese Weise induzierte organisatorische Komplexität der Abhängigkeiten erzeugt vermehrten Abstimmungsbedarf und schränkt die Freiheit und die Möglichkeiten ein, eigene Ideen umzusetzen, sich als Einheit zu profilieren und die eigenen Ressourcen zu planen.

Ein Beispiel für die Visualisierung der induzierten, organisatorischen Kopplung der Geschäftseinheiten durch die Datenflüsse ihrer IT-Systeme ist in Abbildung 29 zu sehen.

Geschäftseinheit (Organisationen) Matrixwert: Anzahl Schnittstellen innerhalb und zwischen Geschäftseinheiten	Anz. BC-IMP	Anz. Partner-Org.-Einheiten	Anz.-Schnittst. der Org.-Einheit	int. Schnittst. der Org.-Einheit	ext. Schnittst. der Org.-Einheit	ext. INPUT-Schnittst. der Org.-Einheit	ext. OUTPUT-Schnittst. der Org.-Einheit	DATENMANAGEMENT	AUTOMATENVERKAUF	VERTRIEBSBACKEND-BUCHUNG	IT-MANAGEMENT VERKAUFSPLATTFORM	ONLINE/MOBILE-VERKAUF	ELEKTRONISCHE ZAHLUNGSPROZESSE	GESCHÄFTSKUNDEN-MARKETING	CUSTOMER-SERVICE	KASSENPROZESSE	PRODUKTDATENPFLEGE	ERLÖSSTATISTIK	ERLÖSABRECHNUNG	PERSONALMANAGEMENT	ADMIN- & TESTMANAGEMENT MOBIL APPS	PRODUKTMANGEMENT PARTNER	KUNDENINFORMATION DHL	PRIVATKUNEN-MARKETING	KUNDENINFORMATION IT	KUNDENINFORMATION UBS	PARTNER-MANGEMENT	PERSONALENTWICKLUNG
DATENMANAGEMENT	5	4	4	0	4	1	3	0	0	0	0	0	0	0	0	0	0	0	0	0	0	0	1	0	0	0	0	0
AUTOMATENVERKAUF	9	4	12	0	12	4	8	1	0	1	1	0	1	0	0	0	0	0	0	0	0	0	0	0	0	0	0	0
VERTRIEBSBACKEND-BUCHUNG	3	3	7	0	7	3	4	0	2	0	1	0	0	0	0	0	0	0	0	0	0	0	0	0	0	0	0	0
IT-MANAGEMENT VERKAUFSPLATTFORM	24	14	107	44	63	23	40	1	4	2	44	7	1	2	2	0	1	0	0	2	0	1	0	0	0	0	0	0
ONLINE/MOBILE-VERKAUF	20	4	74	56	18	8	10	1	0	0	6	56	1	0	0	0	0	0	0	0	0	0	0	0	0	0	0	0
ELEKTRONISCHE ZAHLUNGSPROZESSE	3	5	13	0	13	6	7	0	2	0	3	1	0	0	0	0	0	0	0	0	0	0	0	0	0	0	0	0
GESCHÄFTSKUNDEN-MARKETING	4	1	5	0	5	3	2	0	0	0	3	0	0	0	0	0	0	0	0	0	0	0	0	0	0	0	0	0
CUSTOMER-SERVICE	13	2	6	0	6	2	4	0	0	0	2	0	0	0	0	0	0	0	0	0	0	0	0	0	0	0	0	0
KASSENPROZESSE	6	2	13	4	9	7	2	0	0	0	7	0	0	0	0	4	0	0	0	0	0	0	0	0	0	0	0	0
PRODUKTDATENPFLEGE	3	2	3	0	3	1	2	0	0	0	1	0	0	0	0	0	0	0	0	0	0	0	0	0	0	0	0	0
ERLÖSSTATISTIK	4	4	12	0	12	8	4	0	0	1	5	0	0	0	0	0	0	0	2	0	0	0	0	0	0	0	0	0
ERLÖSABRECHNUNG	5	3	19	4	15	10	5	0	0	0	7	0	0	0	0	0	0	3	4	0	0	0	0	0	0	0	0	0
PERSONALMANAGEMENT	7	5	13	0	13	11	2	0	0	0	2	0	3	0	0	2	0	1	3	0	0	0	0	0	0	0	0	0
ADMIN- & TESTMANAGEMENT MOBIL APPS	2	0	4	4	0	0	0	0	0	0	0	0	0	0	0	0	0	0	0	0	4	0	0	0	0	0	0	0
PRODUKTMANGEMENT PARTNER	1	1	1	0	1	0	1	0	0	0	0	0	0	0	0	0	0	0	0	0	0	0	0	0	0	0	0	0
KUNDENINFORMATION DHL	2	2	2	0	2	0	2	0	0	0	0	0	0	0	0	0	0	0	0	0	0	0	0	0	0	0	0	0
PRIVATKUNEN-MARKETING	3	5	8	0	8	8	0	0	0	0	2	2	1	0	2	0	1	0	0	0	0	0	0	0	0	0	0	0
KUNDENINFORMATION IT	6	1	1	0	1	1	0	0	0	0	0	0	0	0	0	0	0	0	0	0	0	0	1	0	0	0	0	0
KUNDENINFORMATION UBS	2	0	0	0	0	0	0	0	0	0	0	0	0	0	0	0	0	0	0	0	0	0	0	0	0	0	0	0
PARTNER-MANGEMENT	1	0	0	0	0	0	0	0	0	0	0	0	0	0	0	0	0	0	0	0	0	0	0	0	0	0	0	0
PERSONALENTWICKLUNG	1	0	0	0	0	0	0	0	0	0	0	0	0	0	0	0	0	0	0	0	0	0	0	0	0	0	0	0

Abbildung 29 Beispiel-Warenhaus: Kopplung der Geschäftseinheiten durch die Datenflüsse ihrer IT-Systeme

Wie stark die Pflege und Weiterentwicklung der IT-Systeme allerdings tatsächlich erschwert wird, hängt von mehreren Risikofaktoren ab:

- Organisatorische Entfernung der Geschäftseinheiten, gemessen in Hierarchiestufen bis zum ersten gemeinsamen Vorgesetzten
- Räumliche Entfernung der Standorte
- Unterschiede bezüglich der gelebten Prozesse und der Interpretation von Regeln und Vorschriften
- Persönliches Verhältnis der Vorgesetzten
- Persönliche und informelle Beziehungen der Mitarbeiter

Aufgrund der zahlreichen Risikofaktoren, sollte die Kopplung von Geschäftseinheiten über die Anhängigkeiten „ihrer" IT-Systeme möglichst gering sein. Ist dies nicht der Fall, werden die betroffenen Organisationseinheiten und Personen selbst versuchen, die organisatorische Kopplung zu verringern. Zum Beispiel indem sie eigene, redundante IT-Lösungen implementieren und damit die Komplexität der Gesamt-IT erhöhen.

2.4.6 Komplexitätsindex für IT-Systeme

Die Anzahl Komponenten-Implementierungen (Anz BC-IMPL) und die Anzahl externer Schnittstellen (Anz ext SS) eines IT-Systems sind Kennzahlen für seinen fachlichen Umfang und seine fachliche Vielfalt beziehungsweise für seine Kopplung über Datenflüsse an Partner-Systeme. Der Komplexitätsindex (K-ID) eines IT-Systems vereint beide Kennzahlen-Aspekte und wird wie folgt definiert:

$$K\text{-}ID = (Anz\ BC\text{-}IMPL/\Sigma Anz\ BC\text{-}IMPL) + (Anz\ ext\ SS/\Sigma Anz\ ext\ SS)$$

Der Komplexitätsindex eines IT-Systems ergibt sich als Summe seiner (jeweils auf 1 normierten) Anteile an der Gesamtmenge an Komponenten-Implementierungen und Schnittstellen. Den Wertebereich des Komplexitätsindex kann man in Intervalle unterteilen, die jeweils einer Komplexitätsklasse entsprechen. Die Klassifizierung von IT-Systemen über ihren Komplexitätsindex ist in Abbildung 30 und Abbildung 31 beispielhaft gezeigt.

IT-System	Anzahl externer Schnittstellen	Anzahl Komponenten-Implementierungen	Komplexitäts-Index	Komplexitätsklasse
Filial-Verkaufssystem	25	8	0,136770464	IV (sehr komplex)
Internet-Verkaufssystem	18	8	0,11653925	IV (sehr komplex
Stammdaten DB	11	6	0,080179004	IV (sehr komplex
Datenverteilung	14	2	0,05659146	III (komplex)
Produktauskunft	16	1	0,054307291	III (komplex)
Buchungssystem	8	3	0,047314936	III (komplex)
Datapool	12	1	0,042746597	III (komplex)
Verkaufsservice-Broker	12	1	0,042746597	III (komplex)
CRM Privatkunden	6	3	0,041534589	III (komplex)
CRM Firmenkunden	3	4	0,040928585	III (komplex)
SAP R3	8	2	0,03925042	III (komplex)
Automaten-Dialog-Logik	8	2	0,03925042	III (komplex)
Abrechnungs-System	7	2	0,036360246	II (wenig kompex)
Verkaufsbuchhaltung	6	2	0,033470073	II (wenig kompex)
Angebotsergänzer	0	4	0,032258065	II (wenig kompex)
Kundenfeedback-System	5	2	0,030579899	II (wenig kompex)
Personalkostenabrechn.	1	1	0,01095469	I (einfach)
Back-Office Kasse	1	1	0,01095469	I (einfach)
Info-Comp 3	0	1	0,008064516	I (einfach)
Information Manager	0	1	0,008064516	I (einfach)

Abbildung 30 Beispiel-Warenhauses: Komplexitätsklassen von IT-Systemen

Komplexitätsklasse	
einfach	I
wenig komplex	II
komplex	III
sehr komplex	IV

Anzahl Komponenten-Implementierungen	Anzahl externer Schnittstellen [0]	[1]	[2]	[3-5]	[6-10]	[11-20]	[>20]
1	26	19	7	5	4	3	
2	1		2	4	4	1	
3					2		
4	1			1			
5							
6						1	
7							
8						1	1

Abbildung 31 Matrixdarstellung der Anzahl an IT-Systemen mit gleich (ähnlich) vielen externen Schnittstellen und Komponenten-Implementierungen

Abbildung 32 illustriert den Anteil an IT-Systemen, Komponenten-Implementierungen und externen Schnittstellen je Komplexitätsklasse. Die Klasse der einfachen IT-Systeme besitzt per Definition wenige Schnittstellen, aber aufgrund des großen Anteils an IT-Systemen mehr als ein Drittel der Komponenten-Implementierungen. Allerdings können wenige oder fehlende Schnittstellen auch durch ungenügende Dokumentation bedingt sein, so dass die betreffenden IT-Systeme möglicherweise nur scheinbar einfach sind.

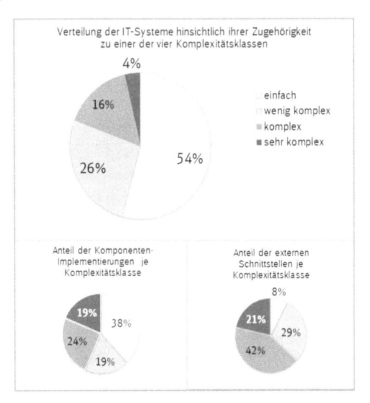

Abbildung 32 Verteilung von IT-Systemen, externen Schnittstellen und Komponenten-Implementierungen auf Komplexitätsklassen

2.4.7 Verknüpfung von IT-Systemen mit Geschäftskomponenten

IT-Systeme, die nur eine Geschäftskomponente implementieren, sind fachlich homogener und weniger komplex als solche mit mehreren Komponenten-Implementierungen, denn sie gehören, was ihre Fachlichkeit betrifft, nur zu dieser Geschäftskomponente. Komplett innerhalb der Geschäftskomponente „liegt" das IT-System, wenn es keine externen Datenflüsse besitzt oder wenn die Quellen und Ziele externer Datenflüsse gleichfalls zu dieser Geschäftskomponente gehören.

Die Anzahl (unterschiedlicher) Geschäftskomponenten, die ein IT-System implementiert oder mit denen es über Datenflüsse gekoppelt ist, ist ein Maß für die Komplexität des IT-Systems hinsichtlich seiner Zugehörigkeit zu und Verknüpfung mit Geschäftskomponenten.

Für die Komplexität der IT-Systeme hinsichtlich ihrer Zugehörigkeit zu und Verknüpfung mit Geschäftskomponenten definieren wir drei Kategorien, die in Abbildung 33 erläutert werden.

	Anzahl (unterschiedlicher) Geschäfts-komponenten, die ein IT-System implementiert	Anzahl (unterschiedlicher) Geschäfts-komponenten, die ein IT-System implementiert oder mit denen es über Daten-flüsse gekoppelt ist	Anzahl (unterschiedlicher) Geschäfts-komponenten, mit denen ein IT-System über Datenflüsse gekoppelt ist
Kategorie für die Komplexität der IT-Systemen hinsichtlich ihrer Zugehörigkeit zu und Verknüpfung mit Geschäftskomponenten	Hinreichende Bedingung für die Zugehörigkeit zu einer Kategorie		
Das IT-System „liegt" komplett, d.h. Implementierung und Datenflüsse, innerhalb einer einzigen Geschäftskomponente.	1	1	0 oder 1
Die Implementierung des IT-Systems gehört zu genau einer Geschäftskomponente, Schnittstellen-Quellen und -Ziele aber nicht	1	> 1	> 0
Das IT-Systeme implementieren mehr als eine Geschäftskomponente und liefert einen Beitrag zur Implementierungs-Kopplungsstärke der Geschäftskomponenten.	> 1	> 1	beliebig

Abbildung 33 Verknüpfung von IT-Systemen mit Geschäftskomponenten

2.5 Komplexität der Geschäftskomponenten

2.5.1 Kennzahlenüberblick für Geschäftskomponenten

Komplexitätskennzahl der Geschäftskomponente		Art und Aspekt der Komplexität, für welche die Kennzahl Indikator oder Maßzahl ist		
		Größen-Komplexität	Wechselwirkungs-Komplexität	Heterogenität
Anzahl Komponenten-Implementierungen (= IT-Systeme) der Geschäftskomponenten		Redundanz oder Fragmentierung der Komponenten-Implementierungen		
Teilmenge	Anzahl IT-Systeme, die nur diese Geschäftskomponenten implementieren	Redundanz oder Fragmentierung der Komponenten-Implementierungen		
Teilmenge	Anzahl IT-Systeme, die auch andere Geschäftskomponenten implementieren	Redundanz oder Fragmentierung der Komponenten-Implementierungen	Kopplung der Geschäftskomponente mit anderen über gemeinsame Implementierung	IT-System-Vielfalt der Kopplung der Geschäftskomponente über gemeinsame Implementierungen
Anzahl anderer Geschäftskomponenten, mit der die Geschäftskomponente durch gemeinsame Implementierungen gekoppelt ist.			Kopplung der Geschäftskomponente mit anderen über gemeinsame Implementierung	Fachliche Vielfalt der Kopplung der Geschäftskomponente mit anderen über gemeinsame Implementierung
Implementierungs-Kopplungsstärke für die Kopplung der Geschäftskomponente mit anderen Geschäftskomponenten durch gemeinsame Implementierungen in IT-Systemen			Kopplung der Geschäftskomponente mit anderen über gemeinsame Implementierung	
Anzahl Schnittstellen der Geschäftskomponente			Kopplung der Geschäftskomponenten über Datenflüsse	
Teil-mengen	Externe, interne, Input- oder Output-Schnittstellen		Kopplung der Geschäftskomponenten über Datenflüsse	
Anzahl anderer Geschäftskomponenten, mit der eine Geschäftskomponente über externe Schnittstellen Daten austauscht			Kopplung der Geschäftskomponenten über Datenflüsse	Fachliche Vielfalt der Datenflüsse der Geschäftskomponente
Anzahl verantwortlicher Organisationseinheiten für die IT-Systeme der Geschäftskomponente				Organisatorische Vielfalt der Geschäftskomponente
Anzahl Betriebssystem-Typen, Technologie-Plattformen, Programmiersprachen, etc. der Implementierungen der Geschäftskomponente				Technologische Vielfalt der Geschäftskomponente

Tabelle 4 Komplexitätskennzahlen für Geschäftskomponenten

2.5.2 Fragmentierte und redundante Implementierung von Geschäftskomponente

Die Implementierung einer Geschäftskomponente erfolgt in einem oder mehreren IT-Systemen.

Ursache für die Existenz mehrerer Implementierung der gleichen Geschäftskomponente in unterschiedlichen IT-Systemen sind Fragmentierung und Redundanz.

Fragmentierte Implementierungen von Geschäftskomponenten entstehen, wenn unterschiedliche Benutzergruppen, Vertriebskanäle oder Produkte eigene IT-Systeme für die gleiche Geschäftsfunktionalität nutzen.

Gründe für fachlich redundante bzw. überlappende Implementierungen von Geschäftskomponenten sind.:

- Getrennte IT-Systeme für Vertriebskanäle (Silos)

- Eigene IT-Systeme für gleiche Aufgaben in unterschiedlichen Organisationseinheiten

- Parallelbetrieb alter und neuer IT-Lösungen

Fragmentierung und Redundanz können sich überlappen.

In Abbildung 34 sind die Anzahlen der Komponenten-Implementierungen und der Eigentümer (Geschäftseinheiten) ihrer IT-Systeme für die Geschäftskomponenten des fiktiven Warenhauses gemeinsam dargestellt. Die Differenz beider Werte in Abbildung 35 zeigt das Potenzial der Defragmentierung auf, das ohne organisatorische Veränderung besteht.

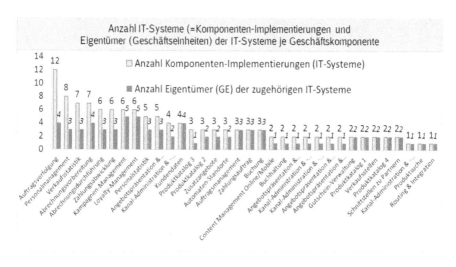

Abbildung 34 Komponenten-Implementierungen und Eigentümer

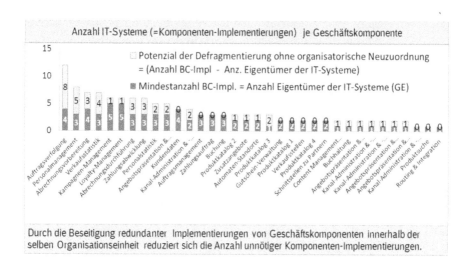

Durch die Beseitigung redundanter Implementierungen von Geschäftskomponenten innerhalb der selben Organisationseinheit reduziert sich die Anzahl unnötiger Komponenten-Implementierungen.

Abbildung 35 Potenzial der Defragmentierung ohne organisatorische Neuzuordnung

Keine redundante Implementierung gleicher Daten und Funktionen in Vertriebskanälen

Kein Parallelbetrieb alter und neuer IT-Lösungen

Bewusste Fragmentierung und Modularisierung bereits durch die Definition entsprechender Geschäftskomponenten

Die Anzahl der Komponenten-Implementierungen (= IT-Systeme) einer Geschäftskomponente ist eine einfache Kennzahl für die fragmentierte und/oder redundante Implementierung der Geschäftskomponente in IT-Systemen.

- Anzahl IT-Systeme je Geschäftskomponente, die ausschließlich deren Funktionalität implementieren

- Anzahl IT-Systeme je Geschäftskomponente, die außer deren Funktionalität auch Funktionalität anderer Geschäftskomponenten implementieren

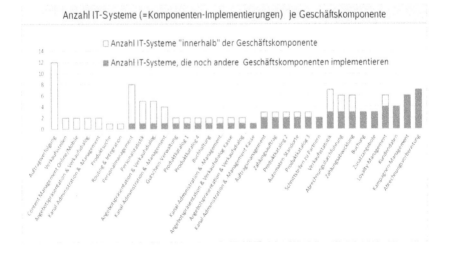

Anzahl IT-Systeme (=Komponenten-Implementierungen) je Geschäftskomponente

□ Anzahl IT-Systeme "innerhalb" der Geschäftskomponente

■ Anzahl IT-Systeme, die noch andere Geschäftskomponenten implementieren

Geschäftskomponenten, deren sämtliche IT-Systeme nur diese Komponente selbst implementieren, sind hinsichtlich ihrer Implementierung von anderen Geschäftskomponenten entkoppelt und weniger komplex als Geschäftskomponenten, die über ihre Implementierung mit anderen Geschäftskomponenten verbunden sind.

Die Anzahl unterschiedlicher Geschäftskomponenten, mit der eine Geschäftskomponente durch gemeinsame Implementierungen in IT-Systemen gekoppelt ist, ist ein Maß für die fachliche Vielfalt der Kopplung durch den gemeinsamen Quelltext und die gemeinsamen Laufzeitkomponenten

2.5.3 Kopplung von Geschäftskomponenten durch gemeinsame IT-Systeme

Jedes IT-System, das zwei ausgewählte Geschäftskomponenten gemeinsam implementiert, trägt jeweils mit dem Wert 2 zur Implementierungs-Kopplungsstärke für die Kopplung dieser beiden Komponenten bei. Somit ist die Stärke der Kopplung zwischen zwei ausgewählten Geschäftskomponenten durch ihre gemeinsame Implementierung in IT-Systemen gleich der doppelten Anzahl der gemeinsamen IT–Systeme (siehe auch Abbildung 36).

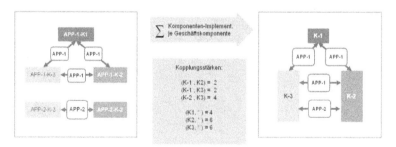

Abbildung 36 Kopplung von Geschäftskomponenten durch ihre gemeinsame Implementierung in IT-Systemen

Da eine Geschäftskomponente mit mehreren anderen Komponenten über eine oder mehrere gemeinsame Implementierungen gekoppelt sein kann, besteht eine solch einfache Beziehung zwischen der Anzahl koppelnder IT-Systeme und der Implementierungs-Kopplungsstärke für die Gesamt-Implementierungs-Kopplungsstärke einer Geschäftskomponente jedoch nicht, wie Abbildung 37 zeigt.

Im Beispiel beträgt die Implementierungs-Kopplungsstärke der Komponente K1 jeweils 8, die Anzahl koppelnder IT-Systeme als Ausdruck der Fragmentierung der Kopplung und die Anzahl gekoppelter Geschäftskomponenten als Ausdruck ihrer fachlichen Vielfalt beträgt aber 4 und 1, 4 und 4 oder 1 und 4.

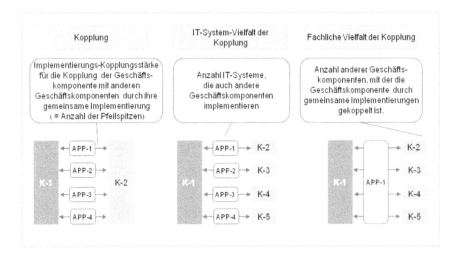

Abbildung 37 Unterschiedliche Ausprägungen der Kopplung bei gleicher Implementierungs-Kopplungsstärke

Die Kopplung einer einzelnen Geschäftskomponente mit anderen Komponenten durch ihre gemeinsame Implementierung in IT-Systemen können wir mit drei Komplexitätskennzahlen beschreiben:

Komplexitätskennzahl der Geschäftskomponente	Art und Aspekt der Komplexität, für welche die Kennzahl Indikator oder Maßzahl ist		
	Größen-Komplexität	Wechselwirkungs-Komplexität	Heterogenität
Implementierungs-Kopplungsstärke für die Kopplung der Geschäftskomponente mit anderen Geschäftskomponenten durch ihre gemeinsame Implementierungen in IT-Systemen		Kopplung der Geschäftskomponente mit anderen über gemeinsame Implementierung	
Anzahl anderer Geschäftskomponenten, mit der die Geschäftskomponente durch gemeinsame Implementierungen gekoppelt ist.		Kopplung der Geschäftskomponente mit anderen über gemeinsame Implementierung	Fachliche Vielfalt der Kopplung der Geschäftskomponente mit anderen über gemeinsame Implementierung
Anzahl IT-Systeme, die auch andere Geschäftskomponenten implementieren	Redundanz oder Fragmentierung der Komponenten-Implementierungen	Kopplung der Geschäftskomponente mit anderen über gemeinsame Implementierung	IT-System-Vielfalt der Kopplung der Geschäftskomponente mit anderen über gemeinsame Implementierung

Einen Gesamteindruck der Kopplung aller Geschäftskomponenten über gemeinsame Implementierungen liefert die Kopplungs- oder Wechselwirkungsmatrix, die wir im Kapitel 3.1 *Kopplung und Wechselwirkung* beschreiben und erläutern.

In Abbildung 38 ist die Kopplung der Geschäftskomponenten durch ihre gemeinsame Implementierung in IT-Systemen für unser Beispiel-Warenhaus als Kopplungsmatrix dargestellt. In den Kopfzeilen und Kopfspalten stehen jeweils die Geschäftskomponenten. Eine Matrixzelle außerhalb der Hauptdiagonale gehört deshalb jeweils zu zwei unterschiedlichen Geschäftskomponenten. Sind diese durch gemeinsame Implementierungen in IT-Systemen gekoppelt, steht in der entsprechenden Matrixzelle die Anzahl an gemeinsamen IT-Systemen. Gibt es keine gemeinsamen IT-Systeme bleibt die Zelle leer (= Zellenwert 0). Beim Vertauschen von Zeile und Spalte erhalten wir das gleiche Komponentenpaar mit der gleichen Anzahl gemeinsamer IT-Systeme. Die Summe der beiden symmetrischen Matrixwerte zu einem Komponentenpaar ist gleich der Implementierungs-Kopplungsstärke, mit der die beiden Geschäftskomponenten durch gemeinsame Implementierungen in IT-Systemen gekoppelt sind. Die Matrix in Abbildung 38 wurde so transformiert, dass stark gekoppelter Geschäftskomponenten als Cluster sichtbar werden.

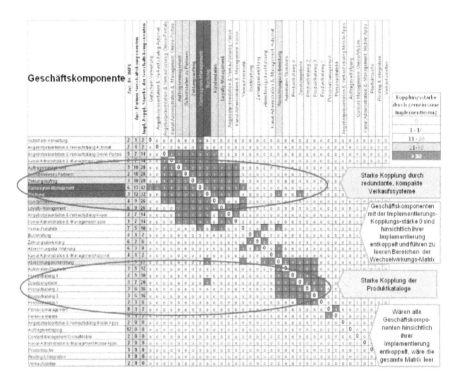

Abbildung 38 Beispiel-Warenhaus: Kopplung der Geschäftskomponenten durch ihre gemeinsame Implementierung in IT-Systemen

Eine gleichzeitige Sicht auf Fragmentierung und gemeinsame Implementierung bietet die Fragmentierungs-Kopplungs-Matrix der Geschäftskomponenten (Abbildung 39).

	1	2	3	4	5	6	7	8	9	10	11	12
0	Produktsuche; Routing & Integration	Präs. & Dialog Mobile; CMS Online /Mobile; Admin&-Mgmt Mobile; Verkaufsstellen										Auftragsverfolgung
1		Präs. & Dialog Automat; Buchhaltung; Gutschein-Verwaltung		Admin. & Mgmt Automat	Personalstatistik			Personalmgmt.				
2					Zahlungsabwicklung							
3		Produktkatalog 1			Abrechnungsdurchführung							
4												
5		Produktkatalog 4	Automaten-Standorte			Verkaufsstatistik						
6			Produktkatalog 2; Produktkatalog 3									
7	Admin. & Mgmt Kasse	Präs. & Dialog Kasse; Admin. & Mgmt Online	Zusatzangebote	Kundendaten	Präs. & Dialog Online							
8												
9		Schnittstellen zu Partnern	Auftragsmgmt.; Zahlungsauftrag		Loyalty-Management	Abrechnungsvorbereitung						
10												
11			Buchung									
12												
13					Kampagnen-Management							

Anzahl Komponenten-Implementierungen (= Anzahl IT-Systeme), die Funktionalität der Geschäftskomponente implementieren

Anzahl anderer, gemeinsam implementierung gekoppelter Geschäftskomponenten

Kopplungsstärke durch gemeinsame Implementierung

	0
	1 - 10
	11 - 20
	21 - 30
	> 30

Abbildung 39 Fragmentierungs-Kopplungs-Matrix für die Geschäftskomponenten des Beispiel-Warenhauses

2.5.4 Kopplung von Geschäftskomponenten durch Datenflüsse der IT-Systeme

In Abschnitt 2.3.4 haben wir erläutert, wie man aus den Datenflüssen zwischen den IT-Systemen die Datenflüsse zwischen ihren Komponenten-Implementierungen ableitet, und daraus die Datenflüsse zwischen Geschäftskomponenten. Datenflüsse zwischen IT-Systemen deren Quelle und Ziel zu unterschiedlichen Geschäftskomponenten gehören, koppeln außer den IT-Systemen auch die zugehörigen Geschäftskomponenten. Dies ist – neben der gemeinsamen Implementierung im selben IT-System - die zweite Art der Kopplung von Geschäftskomponenten durch IT-Systeme. Wir beschreiben sie durch nachstehende Komplexitätskennzahlen.

Komplexitätskennzahl der Geschäftskomponente		Art und Aspekt der Komplexität, für welche die Kennzahl Indikator oder Maßzahl ist		
		Größen-Komplexität	Wechselwirkungs-Komplexität	Heterogenität
Anzahl Schnittstellen der Ge-schäftskomponente			Kopplung der Geschäfts-komponenten über Daten-flüsse	
Teil-mengen	Externe, interne, Input- oder Output-Schnittstellen		Kopplung der Geschäfts-komponenten über Daten-flüsse	
Anzahl anderer Geschäftskomponen-ten, mit der eine Geschäftskompo-nente über externe Schnittstellen Daten austauscht			Kopplung der Geschäfts-komponenten über Daten-flüsse	Fachliche Vielfalt der Datenflüsse der Ge-schäftskomponente

Ein einzelner Datenfluss verbindet jeweils zwei Komponenten-Implementierungen. Er geht von einer Output-Schnittstelle des Datenlieferanten (Quelle) aus und übergibt die Daten an die Input-Schnittstelle des Datenempfängers (Ziel). Gehören die beiden Komponenten-Implementierungen, welche Quelle und Ziel des Datenflusses sind, zur selben Geschäftskomponente, handelt es sich um einen (zu dieser Komponente) internen Datenfluss. Sind Quelle und Ziel Bestandteil unterschiedlicher Komponenten, handelt es sich um externe Datenflüsse. Die Anzahl interner Schnittstellen einer Geschäftskomponente ist ein Maß für die Stärke der inneren Kopplung ihrer Komponenten-Implementierungen über Datenflüsse. Die Anzahl externer Schnittstellen steht für die Stärke der Kopplung über Datenflüsse mit anderen Geschäftskomponenten. Und die fachliche Vielfalt der Datenflüsse einer Geschäftskomponente zeigt sich in der Anzahl unterschiedlicher Partner-Geschäftskomponenten.

Datenflüsse innerhalb einer Geschäftskomponente sind nur dann möglich, wenn die Komponente mindestens zwei Komponenten-Implementierungen (IT-Systeme) besitzt. Mit steigender Fragmentierung kann die Anzahl interner Datenflüsse und Schnittstellen steigen. Viele interne Schnittstellen bei geringer Fragmentierung können ein Zeichen dafür sein, dass es zu viele oder schlecht geschnittene Komponenten-Implementierungen gibt.

Die Anzahl externer Schnittstellen einer Geschäftskomponente wird wesentlich bestimmt durch den fachlichen Datenaustausch und weniger durch die Fragmentierung der Implementierung. Bei der gemeinsamen Implementierung von Geschäftskomponenten können jedoch externe Datenflüsse durch die Kopplung über den Quelltext und dessen Funktionsaufrufe ersetzt werden. Das heißt, die Verringerung der externen Datenfluss-Kopplungsstärke einer Geschäftskomponente geht einher mit der Zunahme ihrer Implementierungs-Kopplungsstärke.

Einen Gesamteindruck der Kopplung aller Geschäftskomponenten über gemeinsame Datenflüsse liefert die Kopplungs- oder Wechselwirkungsmatrix, die wir im Kapitel 3.1 *Kopplung und Wechselwirkung* beschreiben und erläutern.

In der Beispiel-Kopplungsmatrix von Abbildung 40 stehen in den Zellen die Schnittstellen-Anzahlen.

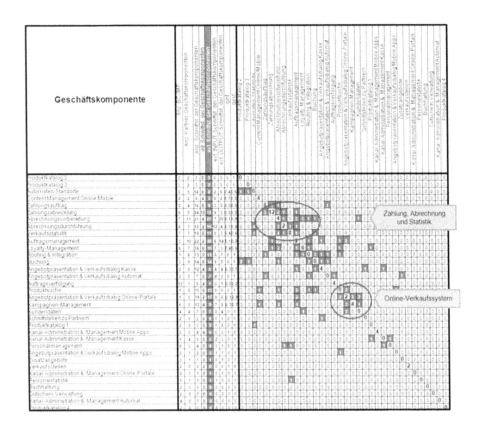

Abbildung 40 Beispiel-Warenhaus: Kopplung der Geschäftskomponenten
über Datenflüsse

2.5.5 Geschäftskomponenten der Architekturschichten und Vertriebskanäle

Die logischen Architekturschichten erlauben die Unterscheidung zwischen Vertriebskanal spezifischen und kanalübergreifenden beziehungsweise nicht kanalspezifischen Implementierungen von Geschäftskomponenten. Kanal-Frontend und Kanal-Backend untergliedern sich in die jeweiligen Vertriebskanäle. Die nicht kanalspezifische Implementierung von Geschäftskomponenten erfolgt im Zentral-Backend.

Die Komponenten-Implementierungen werden den Vertriebskanälen und logischen Architekturschichten zugeordnet. So kann die fragmentierte oder redundante Implementierung von Geschäftsfunktionen und Geschäftsdaten in unterschiedlichen Vertriebskanälen qualitativ abgebildet werden und ebenso ihre Neugestaltung im IT-Zielbild.

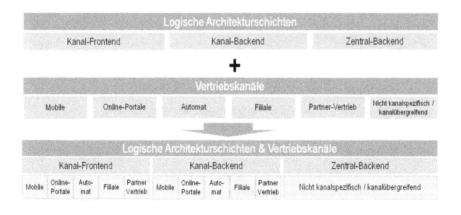

Abbildung 41 Beispiel-Warenhaus: Architekturschichten u. Vertriebskanäle

IT-System	Geschäftskomponente	Vertriebskanal	Architekturschicht
Produktauskunft	Produktsuche	Online-Portale	Kanal-Backend
Internet-Verkaufssystem	Auftragsmanagement	Online-Portale	Kanal-Backend
Internet-Verkaufssystem	Kampagnen-Management	Online-Portale	Kanal-Backend
Internet-Verkaufssystem	Kundendaten	Online-Portale	Kanal-Backend
Internet-Verkaufssystem	Angebotspräsentation & Verkaufsdialog Online-Portale	Online-Portale	Kanal-Frontend
Internet-Verkaufssystem	Kanal-Administration & -Management Online-Portale	Online-Portale	Kanal-Backend
Internet-Verkaufssystem	Zahlungsauftrag	Online-Portale	Kanal-Backend
Internet-Verkaufssystem	Schnittstellen zu Partnern	Partner-Vertrieb	Kanal-Backend
Internet-Verkaufssystem	Buchung	Online-Portale	Kanal-Backend
Großkd.-Portal	Angebotspräsentation & Verkaufsdialog Online-Portale	Online-Portale	Kanal-Frontend
Privatkd.-Portal	Angebotspräsentation & Verkaufsdialog Online-Portale	Online-Portale	Kanal-Frontend
Mobile App Monitoring	Kanal-Administration & -Management Mobile Apps	Mobile	Kanal-Backend
CMS (Redaktionssystem)	Content Management Online/Mobile	Online-Portale	Kanal-Backend
CRM Privatkunden	Kampagnen-Management	Nicht kanalspezifisch / kanalübergreifend	Zentral-Backend
CRM Privatkunden	Kundendaten	Nicht kanalspezifisch / kanalübergreifend	Zentral-Backend
CRM Privatkunden	Loyalty-Management	Nicht kanalspezifisch / kanalübergreifend	Zentral-Backend
Abrechnungs-System	Abrechnungsdurchführung	Nicht kanalspezifisch / kanalübergreifend	Zentral-Backend
Abrechnungs-System	Verkaufsstatistik	Nicht kanalspezifisch / kanalübergreifend	Zentral-Backend

Abbildung 42 Beispiel für die Zuordnung der Komponenten-
Implementierungen zu Architekturschichten und Vertriebskanälen

In Abbildung 42 ist ein Beispiel für die Zuordnung der Komponenten-Implementierungen zu Architekturschichten und Vertriebskanälen zu sehen. Grafisch kann diese Zuordnung in Form einer Bebauungsmatrix dargestellt werden (siehe auch Abbildung 43):

- Die Architekturschichten und Vertriebskanäle bilden die Kopfspalten, die Geschäftskomponenten die Kopfzeilen.

- In die Matrixzellen werden zunächst die (zur Zeile und Spalte gehörigen) IT-Systeme entsprechend ihrer tabellarischen Zuordnung zu Geschäftskomponenten, Architekturschichten und Vertriebskanälen eingetragen.

- Eine aggregierte Variante der Bebauungsplan-Matrix enthält als Matrixelemente anstelle der IT-Systeme lediglich ihre Anzahl, woraus sich als Zeilensumme die Anzahl Komponenten-Implementierungen je Geschäftskomponente ergibt.

	Kanal-Frontend					Kanal-Backend					Zentral-Backend
	Mobile	Online	Automat	Filiale	Partner-Vertrieb	Mobile	Online	Automat	Filiale	Partner-Vertrieb	Nicht kanalspezifisch / kanalübergreifend
Kundendaten		Liste oder Anzahl von IT-Systemen									
Kampagnen-Management											
Loyalty-Management											

Abbildung 43 Bebauungsplan-Matrix für die Zuordnung der Komponenten-Implementierungen zu Architekturschichten und Vertriebskanälen

Die folgenden Abbildungen zeigen die Bebauungsplan-Matrizen für die Zuordnung der Komponenten-Implementierungen zu Architektur-schichten und Vertriebskanälen für unser fiktives Warenhaus.

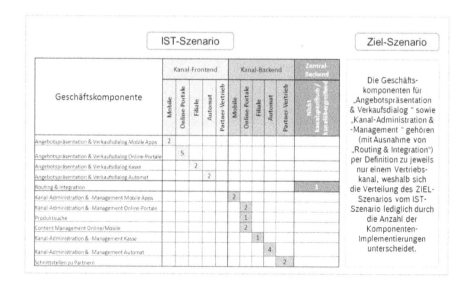

Abbildung 44 Vertriebskanal spezifische Geschäftskomponenten

Geschäftskomponente	Kanal-Frontend					Kanal-Backend					Zentral-Backend (Nicht kanalspezifisch / kanalübergreifend)
	Mobile	Online-Portale	Filiale	Automat	Partner-Vertrieb	Mobile	Online-Portale	Filiale	Automat	Partner-Vertrieb	
Kundendaten								1			3
Loyalty-Management						1	1				4
Kampagnen-Management						2	1	1			2
Gutschein-Verwaltung							1				1
Auftragsmanagement						1	1	1			
Buchung						1	1				1
Zahlungsauftrag						1	1				1
Auftragsverfolgung											12

- Redundante oder überlappende Implementierungen werden durch eine gemeinsame Lösung im Zentral-Backend ersetzt.
- Kanal spezifische Add-Ons können die kanalübergreifende Lösung ergänzen
- Die Ziel-Implementierung je Geschäftskomponente kann ggf. in mehreren IT-Systemen erfolgen, sofern deren Funktionalität nicht redundant und schwach gekoppelt ist.

Abbildung 45 Redundante Implementierung von Geschäftskomponenten für unterschiedliche Vertriebskanäle

Geschäftskomponente	Kanal-Frontend					Kanal-Backend					Zentral-Backend (Nicht kanalspezifisch / kanalübergreifend)
	Mobile	Online-Portale	Filiale	Automat	Partner-Vertrieb	Mobile	Online-Portale	Filiale	Automat	Partner-Vertrieb	
Zahlungsabwicklung											6
Buchhaltung											2
Abrechnungsvorbereitung									2		5
Abrechnungsdurchführung							1	1			4
Verkaufsstatistik											7
Personalstatistik							1				4
Produktkatalog 1											2
Produktkatalog 2											3
Produktkatalog 3											3
Produktkatalog 4											2
Zusatzangebote											3
Verkaufsstellen											2
Automaten-Standorte											3
Personalmanagement								1			7

- Die Implementierung der Geschäftskomponenten erfolgt schon weitestgehend zentral, so dass sich das Verteilungsmuster nicht grundlegend ändert.
- Die Modularisierung bzw. Entflechtung der IST-Implementierungen der Produktkatalge wird im Kopplungs-Muster der Wechselwirkungsmatrix - und nicht im Verteilungsmuster - sichtbar.

Abbildung 46 Weitestgehend zentral implementierte Geschäftskomponenten

2.6 Verteilung der Geschäftskomponenten auf IT-Systeme als Komplexitäts-Steuergröße

2.6.1 Änderung der Verteilung von Geschäftskomponenten auf IT-Systeme

Die Art und Weise, wie die Funktionalität der Geschäftskomponenten auf IT-Systeme verteilt ist beziehungsweise verteilt wird, stellt eine wesentliche Kenn- und Steuergröße des Komplexitätsmanagements für das Digitale Business dar. In Tabelle 5 haben wir Aktionen aufgelistet, welche die Implementierung der Geschäftskomponenten ändern und deren Redundanz, Kopplung oder Fragmentierung vergrößern oder verringern. Jede Änderung besitzt negative und positive architekturelle und organisatorische Aspekte, die ihre Durchführung oder Vermeidung begründen können. Allerdings gewichten wir die negativen oder positiven Aspekte der Aktionen unterschiedlich, und zwar je nachdem wie die Aktion die Komplexität erhöht oder verringert. Erhöht eine Aktion die Implementierungs-Kopplungsstärke, dann bewerten wir sie eher als negativ. Verringert sich bei einer Aktion die Implementierungs-Kopplungsstärke, bewerten wir die Aktion als eher positiv. Bleibt die Implementierungs-Kopplungsstärke bei einer Aktion gleich, da sich lediglich die Fragmentierung der Komponenten-Implementierung ändert, bewerten wir die Aktion zunächst neutral. Denn ob eine geringere oder größere Fragmentierung positiv oder negativ einzuschätzen ist, zeigt sich erst bei der Detailanalyse von Kopplung, Wechselwirkung und Stabilität bezüglich Änderungen. Wie die in Tabelle 5 aufgeführten Aktionen einzelne Komplexitätskennzahlen ändern, haben wir in Tabelle 6 zusammengefasst.

Aktion, welche die Implementierung der Geschäftskomponenten ändert Legende (Wertung) eher positive neutral eher negativ	Positive architekturelle und organisatorische Aspekte	Negative architekturelle und organisatorische Aspekte
Redundante Implementierungen von Geschäftskomponenten	Minimierung der Abhängigkeiten eines IT-Systems von anderen Systemen in technischer und organisatorischer Hinsicht. Risikominimierung durch Parallelbetrieb bei einer IT-Transformationen	Erhöhte Komplexität der IT-Landschaft, Erschwerte Umsetzung der Omni-Chanel-Fähigkeit
Gemeinsame Implementierungen unterschiedlicher Geschäftskomponenten	Reduzierung der Anzahl an IT-Systemen und der Schnittstellen zwischen ihnen. Performance-Steigerung	Die Geschäftskomponenten werden technisch verzahnt und können nicht unabhängig entwickelt, verteilt und betrieben werden
Beseitigung der redundanten Implementierungen von Geschäftskomponenten	Konsolidierung der IT-Systeme und Datenbestände. Erleichterung oder Voraussetzung für Omni-Chanel-Fähigkeit	Geringerer Handlungsspielraum von Organisationseinheiten durch Aufgabe eigener IT-Systeme und Datenbestände
Entflechtung der gemeinsamen Implementierungen von Geschäftskomponenten	Modularisierung auf Ebene der Geschäftskomponenten	Erhöhung der Anzahl an IT-Systemen und der Schnittstellen zwischen ihnen, Performance-Einbußen
Zusammenführung der fragmentierten Implementierungen einer Geschäftskomponente	Bündelung stark gekoppelter Funktionalität, Vermeidung unnötiger Fragmentierung und komponenten-interner Schnittstellen	Fachlich- und oder organisatorisch entkoppelte Service- und Datenkategorien werden technisch verzahnt und können nicht unabhängig entwickelt, verteilt und betrieben werden
Fragmentierte Implementierungen einer Geschäftskomponente	Modularisierung innerhalb einer Geschäftskomponente gemäß fachlich- und oder organisatorisch entkoppelter Service- und Datenkategorien	Stark gekoppelter Funktionalität wird fragmentiert, wodurch sich die Zahl der komponenten-interner Schnittstellen signifikant erhöht

Tabelle 5 Positive und negative Aspekte bei Änderung der Implementierung einer Geschäftskomponente

Legende:	Wertung	Änderung der Kennzahl
	eher positiv	↓ Abnahme
	neutral	gleichbleibend
	eher negativ	↑ Zunahme

Aktion, welche die Art der Implementierung der Geschäftskomponenten ändert	Veränderung der Komplexitätskennzahlen durch die Aktion					
	Implementierungs-Kopplungsstärke	Anzahl IT-Systeme	Anzahl Komponenten-Implementierungen	Anzahl Schnittstellen	Anzahl gekoppelter Geschäftskomponenten durch gemeinsame Implementierung	Anzahl Vertriebskanäle je Geschäftskomponente
Redundante Implementierungen von Geschäftskomponenten	↑	↑	↑	↑	0	↑
Gemeinsame Implementierungen unterschiedlicher Geschäftskomponenten	↑	↓	0	↓	↑	0
Beseitigung der redundanten Implementierungen von Geschäftskomponenten	↓	↓	↓	↓	0	↓
Entflechtung der gemeinsamen Implementierungen von Geschäftskomponenten	↓	↑	0	↑	↓	0
Zusammenführung der fragmentierten Implementierungen einer Geschäftskomponente	0	↓	↓	↓	0	0
Fragmentierte Implementierungen einer Geschäftskomponente	0	↑	↑	↑	0	↑ (Vertriebskanal spezifische Funktionalität)

Tabelle 6 Änderung von Komplexitätskennzahlen bei Änderung der Implementierung einer Geschäftskomponente

Zusammenfassend empfehlen wir folgende Schritte für den Entwurf einer angemessen komplexen IT-Landschaft:

- Beseitigung redundanter Implementierungen, die als Multiplikator der Komplexität und ihrer Kennzahlen wirken und unter anderem die Omni-Chanel-Fähigkeit erschweren.

- Entflechtung gemeinsamer Implementierungen von Geschäftskomponenten, um Modularisierung auf Ebene der Geschäftskomponenten zu erreichen.

- Modularisierung innerhalb einer Geschäftskomponente gemäß fachlich- und oder organisatorisch entkoppelter Service- und Datenkategorien.

- Zusammenführung von fragmentierten Implementierungen einer Geschäftskomponente mit stark gekoppelter Funktionalität, unter anderem zur Vermeidung von Komponenten-interner Schnittstellen.

Durch die Modularisierung auf der Ebene der Geschäftskomponenten oder innerhalb einer Geschäftskomponente können volatile von stabilen Bereichen der Geschäftsfunktionalität beziehungsweise der IT-Landschaft entkoppelt werden.

Aufgabe des Systementwurfs ist es, das richtige Maß an Bündelung und Modularisierung der Geschäftsfunktionalität zu finden.

Eine Methode, wie man isolierte und lose, schwach oder stark gekoppelte Elemente eines Systems findet und visualisiert, findet sich in diesem Buch in Kapitel 3.1.7 *Charakteristische Verbindungsmuster und ihre Visualisierung*.

2.6.2 Szenarien für die Verteilung der Geschäftskomponenten auf IT-Systeme

Tabelle 7 umfasst fünf Szenarien für die Verteilung der Implementierung von Geschäftskomponenten auf IT-Systeme. In den darauffolgenden Abbildungen sind die einzelnen Szenearien beschreiben und visualisiert.

Verteilte Implementierung von Geschäftskomponenten über mehrere IT-Systeme	Gemeinsame Implementierung von Geschäftskomponenten in IT-Systemen	IT-Systeme und Geschäftskomponenten sind in disjunkte Gruppen mit wenigen (ca. 1 -4) Mitgliedern unterteilbar	Kopplungsgrad
NEIN	NEIN	JA	0
JA	NEIN	JA	+
NEIN	JA	JA	+
JA	JA	JA	++
JA	JA	NEIN	++++

Tabelle 7 Szenarien für die Verteilung der Implementierung von Geschäftskomponenten auf IT-Systeme

Die Szenarien unterscheiden sich in der Fragmentierung und Kopplung der Geschäftskomponenten-Implementierungen. Der Kopplungsgrad von Geschäftskomponenten und/oder IT-Systemen wächst von Szenario 1 bis 5. Desweiteren unterscheiden sich die Szenarien darin, dass in den Szenarien 1-4 die IT-Systeme und Geschäftskomponenten in überschneidungsfreie Gruppen mit wenigen (ca. 1-4) Mitgliedern unterteilbar sind, in Szenarium 5 jedoch nicht. Obwohl der Unterschied von Szenarium 4 zu 5 lediglich darin, dass Funktionalität dreier Geschäftskomponenten zusätzlich in drei anderen IT-Systemen implementiert wird, ist die Wirkung dieser drei lokalen

Änderungen beträchtlich. Nicht nur die Kopplungsstärke der IT-Systeme und Geschäftskomponenten verdoppelt sich, sondern auch die Struktur der isolierten Gruppen wird „zerstört". Das heißt:

Geringfügige lokale Veränderungen können eine Struktur kleiner, isolierter Gruppen mit lokaler Kopplung zerstören und einen Komplexitätssprung bezüglich der Kopplung von der IT-Systemen und Geschäftskomponenten bewirken.

Eine Daueraufgaben des Komplexitätsmanagements besteht deshalb darin, eine einmal geschaffene gute Verteilungsstruktur zu bewahren.

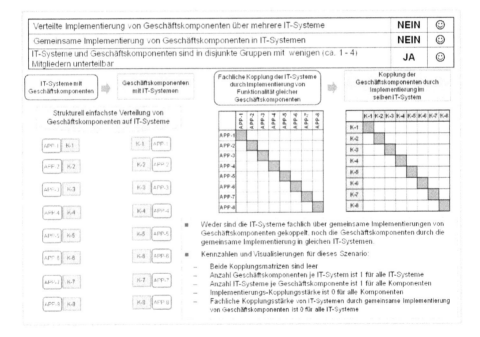

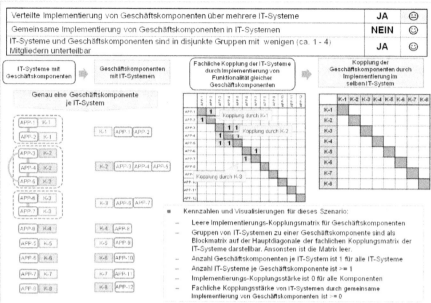

Verteilte Implementierung von Geschäftskomponenten über mehrere IT-Systeme	JA	☺
IT-Systeme und Geschäftskomponenten sind in disjunkte Gruppen mit wenigen (ca. 1 - 4) Mitgliedern unterteilbar	NEIN	☺
	JA	☺

Kennzahlen und Visualisierungen für dieses Szenario:

- Leere Implementierungs-Kopplungsmatrix für Geschäftskomponenten
- Gruppen von IT-Systemen zu einer Geschäftskomponente sind als Blockmatrix auf der Hauptdiagonale der fachlichen Kopplungsmatrix der IT-Systeme darstellbar. Ansonsten ist die Matrix leer.
- Anzahl Geschäftskomponenten je IT-System ist 1 für alle IT-Systeme
- Anzahl IT-Systeme je Geschäftskomponente ist >= 1
- Implementierungs-Kopplungsstärke ist 0 für alle Komponenten
- Fachliche Kopplungsstärke von IT-Systemen durch gemeinsame Implementierung von Geschäftskomponenten ist >= 0

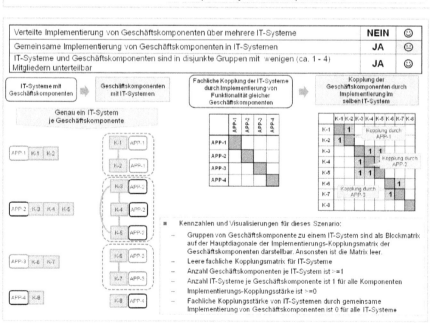

Kennzahlen und Visualisierungen für dieses Szenario:

- Gruppen von Geschäftskomponente zu einem IT-System sind als Blockmatrix auf der Hauptdiagonale der Implementierungs-Kopplungsmatrix der Geschäftskomponenten darstellbar. Ansonsten ist die Matrix leer.
- Leere fachliche Kopplungsmatrix für IT-Systeme
- Anzahl Geschäftskomponenten je IT-System ist >=1
- Anzahl IT-Systeme je Geschäftskomponente ist 1 für alle Komponenten
- Implementierungs-Kopplungsstärke ist >=0
- Fachliche Kopplungsstärke von IT-Systemen durch gemeinsame Implementierung von Geschäftskomponenten ist 0 für alle IT-Systeme

99

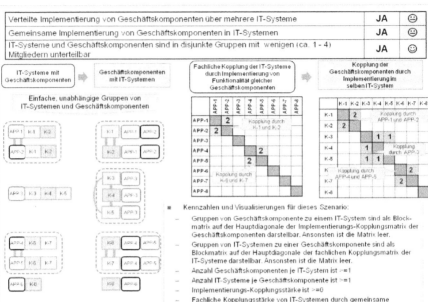

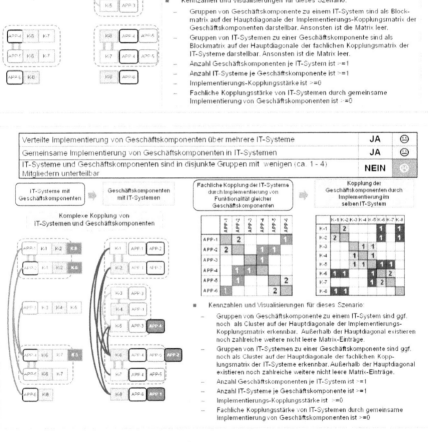

3 Komplexität berechnen und visualisieren

3.1 Kopplung und Wechselwirkung

Die lose Kopplung von Systemen und ihren Komponenten ist als Prinzip einer guten IT-Architektur allgemein anerkannt. Die generelle Anerkennung eines Prinzips ist im Vergleich mit seiner praktischen und konkreten Umsetzung allerdings der wesentlich leichtere Teil der Aufgabe. Denn zuerst muss man definieren, was genau man unter Kopplung der Systeme und Komponenten versteht, dann muss man den Kopplungsgrad bewerten oder messen und zu guter Letzt muss man die lose gekoppelten Systeme oder Komponenten aus der Menge der möglichen Varianten finden. Für die mathematische Beschreibung und Visualisierung der Beziehungsgraphen nutzen wir alternativ zu Diagrammen mit Knoten und Kanten die Darstellung des Graphen als Matrix. In den Matrixdarstellungen vermitteln wir unter anderem einen visuellen Eindruck davon, wie Gruppen von Systemen und Einzelsysteme verknüpft sind und wie ein „guter" Systemschnitt beschaffen sein sollte. Das vorgestellte Verfahren entstand im Rahmen der Betrachtungen zur Wechselwirkungskomplexität von IT-Systemen, eignet sich aber ebenso für Analyse, Entwurf und Bewertung von System- und Komponentenschnitten, nicht nur für IT-Systeme, sondern für alle Arten von Systemen mit definierten Elementen und deren Beziehungen. Und es hilft, folgende Fragen zu beantworten:

- Wie findet man in einer Menge von Systemen diejenigen Gruppen oder Cluster, die untereinander stark gekoppelt sind und deren Kopplungsweise Rückschlüsse auf die Wechselwirkungskomplexität der Gesamtmenge erlaubt?

- Wie kann man eine Menge von Funktionen mit gegebenen Abhängigkeiten so zu Komponenten gruppieren, dass diese möglichst lose gekoppelt sind. Und wie kann man die beste Aufteilung erhalten und feststellen, dass sie es ist?

- Wie pflanzt sich die initiale Änderung einer Funktion bei einem vorgegebenen Verbindungsmuster, das heißt einer bestimmten Ausprägung der Wechselwirkungsmatrix, fort. Und wie viele Folgeänderungen gibt es?

- Wie kann man durch Simulation der Fortpflanzung initialer Ereignisse in einem System dessen Dynamik analysieren und so unter anderem auf die Stabilität seiner Elemente und auf ihren Einfluss auf andere Elemente schließen?

Die ersten beiden Fragen befassen sich mit einer Methode, die Wechselwirkungskomplexität zu erkennen und zu beurteilen sowie mit dem Systemschnitt und dem Komponentenentwurf. Die zugehörigen Beschreibungen, Berechnungen und Abbildungen geben Aufschluss darüber, warum bestimmte Verbindungsmuster beziehungsweise Darstellungen der Wechselwirkungsmatrix vermieden werden sollten und weshalb andere - zum Beispiel eine konsequente Schichtenarchitektur - die Systemkomplexität begrenzen. Gegenstand der dritten und vierten Fragestellung ist die Ausbreitung einer Wirkung in einem System, das heißt seiner Reaktion auf initiale Ereignisse wie zum Beispiel eine lokale Änderung.

Die Beschreibung und Analyse der Wechselwirkungskomplexität und die Ableitung von Kennzahlen erfolgen mit Hilfe der Wechselwirkungsmatrix. Die detaillierten Methoden und Formeln für konkrete Berechnungen finden sich in einem eigenen Kapitel.

3.1.1 Pfeildiagramme

In grafische Darstellung von Objekten und deren Beziehungen werden die Objekte als geometrische Formen wie Rechtecke oder Ellipsen dargestellt und die Verbindungen zwischen ihnen als Linien oder Pfeile, wie in Abbildung 47 zu sehen. Die Abbildung stellt mathematisch einen Graphen dar. Die Pfeile oder Linien bezeichnet man in der Graphentheorie als Kanten und die Elemente als Knoten. Eine Verbindung kann gerichtet sein, was durch einen Pfeil angedeutet wird oder sie besitzt keine Richtungsangabe. Anfang, Ende und Bedeutung einer Vorzugsrichtung muss je Diagramm definiert und beschrieben werden.

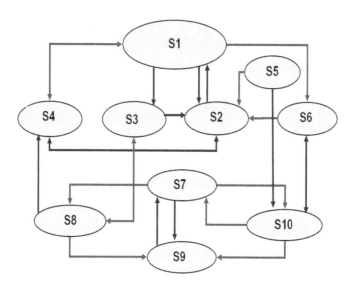

Abbildung 47 Darstellung eines Systems und seiner Beziehungen als Graph

Mittels Pfeildiagramme können wir alle Arten von Kopplungen beziehungsweise Wechselwirkungen visualisieren, die wir als Ursache und Treiber der Komplexität der IT-Landschaft ausgemacht haben. Ist die Zahl der Objekte und ihrer Verbindungen nicht zu groß und kann man sie in eine angemessene Struktur bringen, liefern Pfeildiagramme ein gutes und anschauliches Bild eines Graphen.

Sind die Objekte und ihre Verbindungen hingegen zu zahlreich und erfolgt ihre Anordnung zufällig oder nach einer formalen Ordnung, was bei generierten Grafiken häufig der Fall ist, wird ein Pfeildiagramm schnell unübersichtlich und es bietet sich eine alternative Darstellung des Beziehungsgraphen als Matrix an.

3.1.2 Die Kopplungs- und Wechselwirkungsmatrix

Die Darstellung von Beziehungen als Matrix bietet Möglichkeiten und Vorteile gegenüber einem Netz aus Knoten und Kanten, die sich besonders bei der Analyse großer Systeme bewähren, wie sie für das Enterprise Architecture Management (EAM) und das Komplexitätsmanagement typisch sind. Denn bei der gleichzeitigen Betrachtung und Visualisierung einer IT-Landschaft mit hunderten IT-Systemen Schnittstellen, stoßen Pfeildiagramme an ihre Grenzen. Hier ist die Matrixdarstellung nicht nur eine alternative Darstellung eines Graphen, sondern sie ist die einzige, die automatisiert erstellt und auf vielfältige Weise ausgewertet und mit Standardsoftware weiterverarbeitet werden kann.

Die Matrixdarstellungen beschreiben die Beziehungen zwischen Systemen und deren Kopplung und Wechselwirkung, weshalb wir derartige Matrizen allgemein als Kopplungs- oder Wechselwirkungsmatrizen bezeichnen.

Wie ein Pfeildiagramm in die Matrixdarstellung eines Graphen über-
führt werden kann, ist in Abbildung 48 am Beispiel einer Schnittstel-
lenverbindung zweier IT-Systeme zu sehen. Der Pfeil zeigt in Richtung des Datenflusses zwischen den beiden IT-Systemen. Im Beispiel
fließen die Daten vom Quellsystem S2 (Output-Schnittstelle) zum
Zielsystem S1 (Input-Schnittstelle).

Die Bedeutung der Pfeilrichtung und die Bezeichnungen für die Spitze des
Pfeiles und für sein hinteres Ende müssen für jede Art von gerichteten Verbindungen explizit definiert und beschrieben werden.

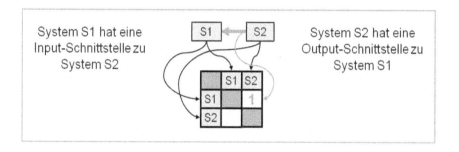

Abbildung 48 Pfeildiagramm und Matrixdarstellung eines Graphen

Die Wechselwirkungsmatrix eines Graphen für eine Menge verbun-
dener Systeme erhält man wie folgt:

- Die Matrix des Graphen besitzt so viele Spalten und Zeilen wie
  es Systeme gibt.
- Jede Spalte und jede Zeile stehen für jeweils ein System.
- Die Spalten- und Zeilenreihenfolge der Systeme ist gleich.

- Eine einfache gerichtete Beziehung (ein einziger Pfeil) führt zu einem Eintrag, zum Beispiel „X" oder „1", in entweder dem Matrixelement (Zeile, Spalte) oder (Spalte, Zeile), wobei folgende Definition gilt:
- Das System, zu dem die Spitze des Pfeiles zeigt, bestimmt die Matrixzeile
- Das System, von dem der Pfeil ausgeht bestimmt die Matrixspalte
- Eine einfache nicht gerichtete Beziehung (kein Pfeil) führt zu zwei (bezüglich der Hauptdiagonale der Matrix symmetrischen) Einträgen, zum Beispiel „X" oder „1", in den Matrixelementen (Zeile, Spalte) und (Spalte, Zeile).

Matrizen sind mehr als doppelte Tabellen, denn man kann mit ihren Elementen rechnen. Umfangreiche Berechnungen erfordern allerdings Computerprogramme.

Die konkreten Werte der Matrixelemente werden durch die Art und Anzahl der betrachteten Abhängigkeiten zwischen den Systemen bestimmt. Im obigen Beispiel würde der Wert „1" im Kreuzungspunkt einer Matrixspalte und –zeile bedeuten, dass das Zeilen-System eine Input-Schnittstelle mit dem Spalten-System als Datenquelle besitzt, und umgekehrt das Spalten-System eine Output-Schnittstelle mit dem Zeilen-System als Datenempfänger. Bestehen mehrere Verbindungen zwischen zwei Systemen erhält man Matrixelemente mit Werten größer als Eins.

Vor dem Zählen von Verbindungen, Schnittstellen oder Serviceaufrufen muss man zunächst definieren WAS und WIE gezählt wird. Es können die funktionalen Schnittstellen gemeint sein oder die technischen Schnittstellen oder man weist einfach nur aus, dass es überhaupt eine Schnittstellenbeziehung gibt (was für einen ersten Überblick der Wechselwirkungskomplexität oft ausreicht und zudem die wenigsten Detailinformationen erfordert). Als Werte der Matrixelemente kommen Zahlen oder auch nur Markierungen wie beispielsweise ein „X" anstatt eine „1" infrage.

In Abbildung 49 ist eine Gruppe von neun Systemen als Wechselwirkungsmatrix dargestellt.

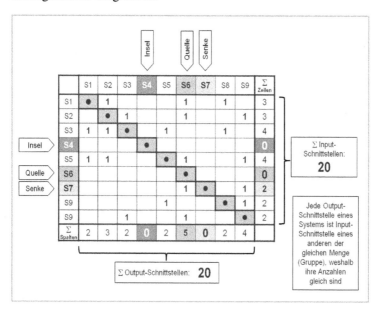

Abbildung 49 Beispiel für Insel-, Quell- und Senken-Systeme

Alle Verbindungen und Schnittstellen sind bezüglich der Gruppe intern, weshalb zu jeder Output-Schnittstelle eine Input-Schnittstelle der gleichen Gruppe gehört, so dass die Anzahlen an Input- und Output-Schnittstellen sowie Verbindungen gleich sind. Wollen wir auch externe Schnittstellen, deren Partner außerhalb der betrachteten Gruppe liegen, erfassen, müssen wir das Modell um weitere Systeme oder Systemgruppen erweitern.

3.1.3 Matrixdarstellung für Gruppen

Die Elemente eines Systems können wir zu Gruppen, Teilmengen oder Subsystemen gruppieren und diese zu noch höher aggregierten Strukturen. Für Geschäftskomponenten und IT-Systeme lassen sich zum Beispiel folgende Gruppen bilden:

- Funktionale Gruppen von Geschäftskomponenten: Themenbereich, Sachgebiet oder Funktionsgruppe

- Gruppierung von IT-Systemen nach organisatorischen oder technischen Merkmalen: Geschäftseinheit, Betriebssystemtyp

Die Matrixdarstellung mehrerer Gruppen gleichartiger Elemente und Verbindungen erhält man, indem man zunächst die Matrizen der einzelnen Gruppen und ihrer inneren Verbindungen bildet, dann diese (Unter)-Matrizen zur Gesamtmatrix verkettet und anschließend die (externen) Verbindungen zwischen den Gruppen einträgt. In Abbildung 50 sind ein Pfeildiagramm und die zugehörige Wechselwirkungsmatrix für zwei Gruppen mit drei beziehungsweise zwei Systemen dargestellt. Die internen Verbindungen und Schnittstellen (dünne Pfeile) verknüpfen Systeme der gleichen Gruppe. Die externen Schnittstellen und Verbindungen (dicke Pfeile) verbinden Systeme unterschiedlicher Gruppen.

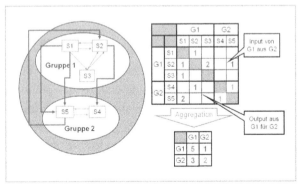

Abbildung 50 Matrixdarstellung von Systemgruppen u. ihren Verbindungen

Die wesentlichen Charakteristika der Wechselwirkungsmatrix einer Gruppe von Systemen oder Elementen sind:

- Die Gruppen führen zu Untermatrizen, die als Blöcke auf der Hauptdiagonale der Gesamtmatrix escheinen.
- Die Untermatrizen auf der Hauptdiagonale enthalten die inneren Verbindungen und Schnittstellen der jeweiligen Gruppe.
- Zu jedem Gruppenpaar gehören zwei Bereiche der Gesamtmatrix, die symmetrisch zur Hauptdiagonale liegen. Dort stehen - getrennt nach Input- und Output - die Einträge für die Verbindungen/Schnittstellen zwischen den Gruppen.
- Die Anzahl der Verbindungen je Richtung wird durch eine Zahlenangabe in der Matrixzelle ausgewiesen.
- Durch Summation über die Matrixelemente der Gruppen erhält man eine verdichtete Wechselwirkungsmatrix für die Beziehungen zwischen den Systemgruppen.

Die Aufteilung der Systeme einer Gesamtmenge in überschneidungsfreie Teilmengen schafft eine zweistufige hierarchische Struktur, die es erlaubt, zwischen Teil und Ganzem und internen und externen Eigenschaften bezüglich der Teilmengen zu unterscheiden.

Die aggregierte Gruppen-Matrix kann nicht leere Elemente auf der Hauptdiagonale besitzen. Diese stehen für die internen Verbindungen und Schnittstellen von Gruppen, während alle Nicht-Diagonalelemente die Beziehungen zwischen den Gruppen repräsentieren.

Aus der Anzahl und Verteilung der internen und externen Schnittstellen lässt sich auf die Stärke und Art der Kopplung zwischen den Teilen eines Gesamtsystems schließen.

3.1.4 Gruppenbildung durch Kategorisierung und Sortierung

Sortiert man eine Menge an Systemen nach dem Wert eines Attributs oder Merkmals, wie zum Beispiel Geschäftseinheit oder Betriebssystemtyp, dann erhält man Kategorien jeweils gleichartiger Systeme und eine Verteilungsfunktion für die Häufigkeit der Merkmalswerte.

Die Kategorien gruppieren die ursprüngliche Menge in Teilmengen.

Je nach Sortierkriterium und der Anzahl seiner unterschiedlichen Werte erhält man andere Teilmengen und eine andere Darstellung der Wechselwirkungsmatrix, die jedoch nach wie vor die gleichen Verbindungen und Schnittstellen repräsentieren wie das unsortierte System.

Abhängig von der Sortierung der Systeme und der daraus resultierenden Gruppierung in Teilmengen ändert sich jedoch die Anzahl der *internen* Schnittstellen innerhalb einer Gruppe und der *externen* Schnittstellen zwischen Gruppen.

Abbildung 51 zeigt die Wechselwirkungsmatrix für die Sortierung von IT-Systemen nach ihrem Betriebssystemtyp. Nunmehr kann man auf einen Blick sehen, wie viele und welche Schnittstellen-Verbindungen zu unterschiedlichen Betriebssystemtypen gehören.

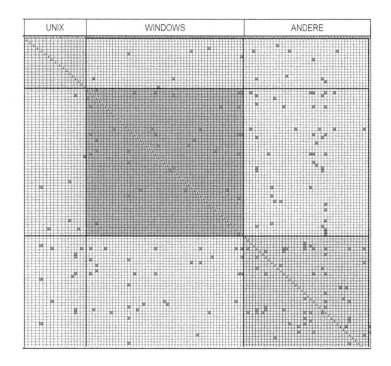

Abbildung 51 Wechselwirkungsmatrix sortiert nach Betriebssystemtyp

Zusammenfassung:

- Die Sortierung einer Menge Systeme nach einem Attribut oder Merkmal unterteilt die Menge in überschneidungsfreie Gruppen und die zugehörige Wechselwirkungsmatrix in Untermatrizen, welche als Blockmatrizen auf der Hauptdiagonale erscheinen.

- Die inneren, eingehenden und ausgehenden Beziehungen innerhalb einer Gruppe und zwischen unterschiedlichen Gruppen sind leicht identifizier- und zählbar.

- Durch Aggregation über die Gruppen entsteht eine verdichtete Wechselwirkungsmatrix, deren Elemente ein Maß für die Kopplung der Gruppen sind.

3.1.5 Arten der Wechselwirkung

Die Wechselwirkung eines Systems oder Elements mit sich selbst und mit seiner Umgebung kann durch drei Klassen von Kenngrößen beschrieben werden:

- Interne Kopplung oder interne Wechselwirkungskomplexität
- Wirkung auf die Umgebung
- Betroffenheit durch die Umgebung

Da die Umgebung des ausgewählten Systems gleichfalls ein System darstellt, können die drei Arten von Kenngrößen allgemein für die Wechselwirkung von zwei Systemen definiert werden, und es gilt:

- Die interne Kopplung der Systeme wird durch ihre inneren Beziehungen bestimmt. die jeweils innerhalb von Blockmatrizen auf der Hauptdiagonale der (nach Systemen geordneten) Wechselwirkungsmatrix liegen
- Die Wirkung eines Systems auf das andere verursacht dessen Betroffenheit und umgekehrt.
- Spezifische Arten der Betroffenheit und *Wirkung* sind:
- Datensenke (Input) und *Datenquelle (Output)*
- Verwenden und *Bereitstellen* eines Service/einer Funktion
- Durchführen und *Verursachen* einer Folgeänderung

Da sich die Definitionen der Kenngrößen für die Kopplung zwischen zwei Systemen und zwischen einem System und seiner Umgebung ähneln, wählen wir folgende Systembezeichnungen für Kennzahlen:

- das ausgewählte (erste) System erhält den Index *int=intern*
- das andere (zweite) System erhält den Index *ext=extern* (für ein Einzelsystem oder die Umgebung des ersten Systems)

Erste einfache Kennzahlen für die interne Kopplung (Komplexität), Wirkung und Betroffenheit eines Systems und seiner Umgebung sind die Anzahl C_{int} und C_{ext} der Beziehungen innerhalb des Systems beziehungsweise der Umgebung, die Anzahl $C_{int \to ext}$ an Beziehungen, über die das System auf seine Umgebung wirkt und die Anzahl $C_{ext \to int}$ der Beziehungen, über welche das System von Ereignissen aus Umgebung betroffen wird. In Abbildung 52 ist der Unterschied zwischen interner Kopplung, Wirkung und Betroffenheit nochmals illustriert. Wie man sieht, fallen die Beziehungen, welche für die interne Komplexität des Systems und seiner Umgebung sowie deren gegenseitige Wirkung und Betroffenheit verantwortlich sind, in vier klar unterscheidbare und voneinander abgegrenzte Bereiche der Wechselwirkungsmatrix. Die Gesamtmatrix (mit dem Symbol W) kann deshalb auch als Summe der vier Teilbereiche beziehungsweise Teilmatrizen geschrieben werden (s.a. Abbildung 53):

$$W = W_{int} + W_{ext \to int} + W_{int \to ext} + W_{ext}$$

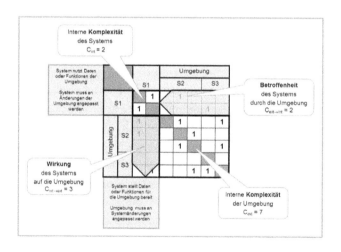

Abbildung 52 Wechselwirkung eines Systems mit seiner Umgebung

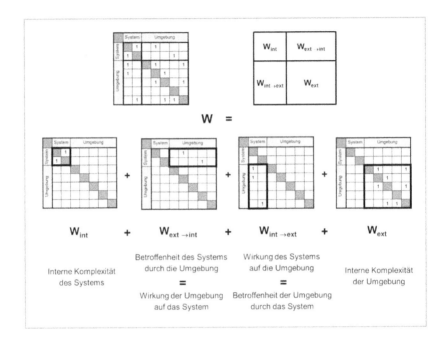

Abbildung 53 Vier signifikante Bereiche der Wechselwirkungsmatrix

Formal entsteht jede Teilmatrix aus einer Kopie der Gesamtmatrix, in der alle nicht relevanten Matrixelemente Null gesetzt werden oder leer sind. Allerdings stellt die Zerlegung lediglich eine andere Schreibweise der Wechselwirkungsmatrix dar, denn nach wie vor bestimmt diese als Ganzes die Wechselwirkung von System plus Umgebung. Die inhaltliche Bedeutung der Zerlegung besteht darin, dass nunmehr die innere Kopplung (Komplexität) eines Systems in Beziehung gesetzt werden kann zur Wechselwirkung mit seiner Umgebung.

3.1.6 Indikatoren und Kennzahlen der Kopplungsstärke

Erste Kennzahlen der Kopplungsstärke leiten sich unmittelbar von den Wechselwirkungsarten und Teilbereichen der Wechselwirkungsmatrix ab:

- Die Anzahlen der internen sowie ein- und ausgehenden Beziehungen C_{int}, $C_{ext \rightarrow int}$, $C_{int \rightarrow ext}$ und $C_{int \leftrightarrow ext}$ sind Indikatoren und Kennzahlen für die Kopplungsstärke von Systemen.

- Die Anzahl der internen Beziehungen C_{int} eines Systems ist zugleich eine Kennzahl seiner inneren Kopplung und Wechselwirkungskomplexität.

- Die Anzahl der externen Beziehungen $C_{int \leftrightarrow ext} = C_{ext \rightarrow int} + C_{int \rightarrow ext}$ ist Indikator und Kennzahl für die Kopplungsstärke eines Systems mit seiner Umgebung beziehungsweise mit einem anderen System.

- Das Verhältnis $C_{int}/C_{int \leftrightarrow ext}$ ist ein Maß für die Stärke der inneren Kopplung eines Systems im Vergleich zur äußeren Kopplung an die Systemumgebung.

Der Quotient $C_{int}/C_{int \leftrightarrow ext}$ ist für $C_{int \leftrightarrow ext}=0$ undefiniert, was bei den folgende Kennzahlen nicht der Fall ist:

$$Q_{int} = C_{int}/(C_{int}+C_{int \leftrightarrow ext})$$

$$Q_{int \leftrightarrow ext} = C_{int \leftrightarrow ext}/(C_{int}+C_{int \leftrightarrow ext})$$

$$Q_{int} + Q_{int \leftrightarrow ext} = 1$$

Die Quotienten Q_{int} und $Q_{int \leftrightarrow ext}$ sind ein (auf 1 normiertes) Maß für die innere beziehungsweise äußere Kopplungsstärke eines Systems, In Tabelle 8 sind ausgewählte Werte für Q_{int} und $Q_{int \leftrightarrow ext}$ aufgelistet, die charakteristische Arten von Systemen kennzeichnen.

Q_{int}	$Q_{int \leftrightarrow ext}$	Bedeutung
0	0	System aus isolierten Elementen ohne interne
1	0	Isoliertes System mit inneren Beziehungen
0	1	System ohne innere Beziehungen, aber mit äuße-
½	½	Gleich viele interne und externe Beziehungen

Tabelle 8 Beispiele für innere und äußere Kopplungsstärken einer Gruppe

Wird die äußere Kopplungsstärke verringert, nimmt die innere Kopplung zu. Die Forderung nach schwacher externer Kopplung ist deshalb gleichbedeutend mit der Forderung nach starker innerer Kopplung.

Es gilt deshalb diejenigen Gruppierungen und Cluster zu finden, welche auf natürliche Weise, das heißt aufgrund ihres vorgegebenen Zusammenhanges, stark gekoppelt sind.

3.1.7 Charakteristische Verbindungsmuster und ihre Visualisierung

Die Kopplungsart von Systemen, Komponenten oder Funktionen führt zu charakteristischen Mustern im Bild der Wechselwirkungsmatrix, so dass man umgekehrt anhand der Muster die Kopplung erkennen und bewerten kann. In Abbildung 54 sind Beispiele für Verbindungsmuster jeweils als Pfeildiagramm und als Wechselwirkungsmatrix dargestellt.

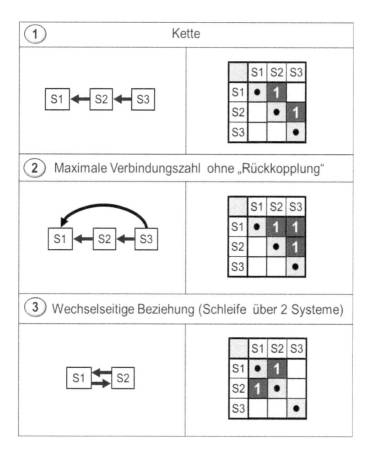

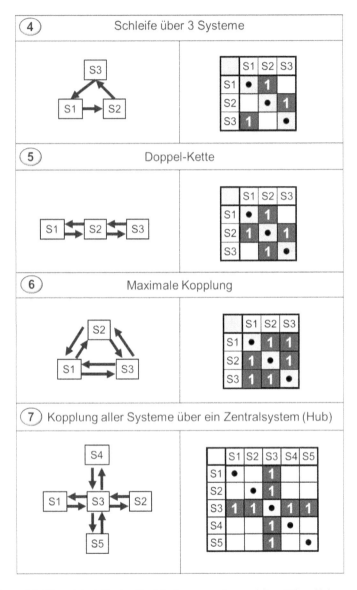

Abbildung 54 Charakteristische Verbindungsmuster und ihre Visualisierung

3.1.8 Rückkopplung und Loops als Treiber von Komplexität

Die beiden ersten Verbindungsgraphen (Beispiel 1 und 2) sind die einzigen ohne Rückkopplung, das heißt der Graph besitzt keine geschlossenen Kurven oder Schleifen (Loops). Die zugehörige Wechselwirkungsmatrizen in Abbildung 54 besitzen keine nicht-leeren Einträge unterhalb der Hauptdiagonale. Die Beispiele illustrieren eine allgemeine Regel, anhand der man feststellen kann, ob es in einem Verbindungsgraphen Loops und Rückkopplungen gibt oder nicht.

Für eine Menge von Systemen ohne Rückkopplung kann man die Wechselwirkungsmatrix in eine Form bringen, bei der die linke, unter Matrixhälfte (unterhalb der Hauptdiagonale) leer ist.

Eine Doppelverbindung zwischen zwei Systemen, wie in Beispiel 3 zu sehen, führt zu zwei bezüglich der Hauptdiagonale symmetrischen nicht-leeren Matrix-Elementen. Dieses Verbindungsmuster stellt die kleinste Schleife zwischen verschiedenen Systemen dar, und wir bezeichnen sie (weil zwei Systeme beteiligt sind) als Loop 2. Ordnung. Entsprechend gehören zu einem Loop 3. Ordnung drei Systeme (Beispiel 4) und allgemein zu einem Loop m-ter Ordnung m Systeme. Ein Loop 1. Ordnung wäre gemäß dieser Definition eine Schleife innerhalb eines Systems, das heißt eine Selbstwechselwirkung.

Loops verkörpern wechselseitige Abhängigkeiten zwischen den Systemen, Komponenten oder Funktionen einer Gruppe und sind eine der Hauptursachen für deren Komplexität. Aufgrund der Rückkopplungen bewirken sie, dass sich das Verhalten des Systemverbundes schwer vorhersagbaren lässt. Loops erhöhen das Risiko, unerwünschter, sich verstärkender Effekte. Ihre Anzahl ist ein Indikator und ein mögliches Maß für die Wechselwirkungskomplexität.

Die Doppelkette in Beispiel 5 besitzt zwei Loops 2. Ordnung: (S1→S2→S1), (S2→S3→S2) und einen Loop 3. Ordnung: (S1→S2→S3→S2→S1).

Bei maximaler Kopplung der Systeme (mit jeweils einwertigen Verbindungen) sind alle Elemente der Wechselwirkungsmatrix ungleich Null (beziehungsweise ausgefüllt), wie in Beispiel 6 zu sehen.

Stark gekoppelte Systeme bilden optisch dichte Cluster im Bild der Wechselwirkungsmatrix.

Ein markantes Muster der Wechselwirkungsmatrix in Form eines Kreuzes kennzeichnet einen Systemverbund, in dem alle Systeme über ein Zentralsystem (Hub) gekoppelt sind (Beispiel 7).

3.1.9 Schwache, lose und starke Kopplung von Systemen

Mit Hilfe der charakteristischen Verbindungsmuster können die Begriffe *schwache, lose und starke Kopplung* anschaulich definiert und visualisiert werden.

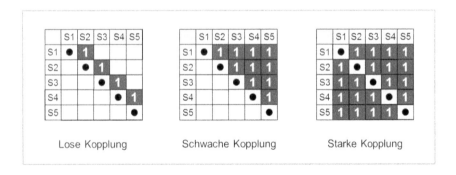

Abbildung 55 Lose, schwache und starke Kopplung von Systemen

122

- Von schwacher Kopplung sprechen wir, wenn keine Loops mit Rückkopplung im Systemverbund existieren.

- Die lose Kopplung ist ein Sonderfall der schwachen Kopplung. Weil bei Wegfall eines einzigen weiteren Kopplungsgliedes die Gruppe in zwei unabhängige Untergruppen zerfallen würde, stellt die lose Kopplung die geringstmögliche vollständige Kopplung zwischen den Systemen einer Gruppe dar.

- Starke Kopplung liegt vor, wenn die Systeme wechselseitig aufeinander wirken und somit Loops aufweisen. Hierbei ist nicht so sehr die Anzahl an Loops entscheidend, sondern die Art und Weise, wie sich eine initiale Wirkung im Systemverbund fortpflanzt, verstärkt oder wie sie abklingt. Allerdings steigt das Risiko unbekannter und unerwarteter Folgen und Reaktionen mit der Anzahl der Loops.

3.1.10 Natürliche Kopplungscluster finden und visualisieren

Anhand der charakteristischen Verbindungsmuster in Abbildung 54 kann man folgende Fragen zur Komplexität der Kopplung und Wechselwirkung der Elemente eines Systems beantworten:

- Welche Elemente bilden welche Muster und sind auf charakteristische Weise voneinander abhängig?

- Wie viele Muster können unterschieden werden?

- Wie viele Cluster stark gekoppelter Elemente existieren?

- Gibt es Loops oder kann die Matrix in eine Form gebracht werden, deren linke, untere Hälfte leer ist?

Zunächst gilt es aber die Kopplungs- und Verbindungsmuster zu finden!

Die Wechselwirkungsmatrizen der Beispiele in Abbildung 54 sind explizit und bewusst so dargestellt, dass die Verbindungsmuster klar hervortreten. Werden die Matrixzeilen und –spalten hingegen zufällig oder gemäß einer gewünschten Sortierreihenfolge angeordnet, sieht man diese Muster nicht. Und ebenso wenig kann man erkennen, ob der Verbindungsgraph Loops besitzt oder nicht.

Bevor die Analyse der Verbindungs- und Kopplungsmuster beginnen kann, muss die Wechselwirkungsmatrix in eine Form gebracht werden, welche die Verbindungsmuster hervortreten lässt.

Warum man die Verbindungsmuster im Allgemeinen nicht sieht, hängt damit zusammen, dass die Wechselwirkungsmatrix nicht nur eine, sondern sehr viele äquivalente Darstellungen besitzt. Denn:

Durch gleichzeitiges Vertauschen einer Zeile und Spalte der Matrix entsteht eine äquivalente Darstellung des Verbindungsgraphen, so dass sehr viele derartige Darstellungen existieren. Und zwar für eine Matrix mit N Zeilen und Spalten genau N! = 1*2*3*4*...*N. Denn so viele Möglichkeiten gibt es, N Systeme unterschiedlich anzuordnen.

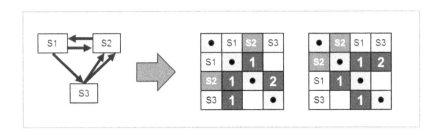

Abbildung 56 Zwei äquivalente Darstellungen eines Kopplungsgraphen

Die Zahl N! wächst sehr schnell mit der Anzahl an Systemen beziehungsweise der Spalten (und Zeilen) der Wechselwirkungsmatrix. Bei 10 Spalten erhält man bereits 3.628.800 Möglichkeiten. Bei 58 Spalten lautet das Ergebnis $2,35*10^{+78}$.

Zum Vergleich: Etwa 10^{+78} Atomen besitzt das bekannte Universum.

Eine exakte Lösung des mathematisch einfachen Problems würde auf einem PC Jahre dauern! Wir haben deshalb Näherungen entwickelt, die eine Art genetischen Algorithmus darstellen. Dieser Cluster-Algorithmus ist schnell, kann auf einem PC oder Laptop ausgeführt werden und liefert gute und interessante Ergebnisse.

Für ein erstes Anwendungs-Beispiel des Cluster-Algorithmus kehren wir zu Abbildung 10 zurück. Dort haben wir den Graphen eines kleinen (7 Elemente), aber aufgrund von Loops doch komplexen Systems einmal kompliziert dargestellt und später in einer anschaulichen Form. Wie man zur zweiten, „aufgeräumten" Darstellung gelangt, blieb jedoch offen. Nunmehr kann der Knoten des ursprünglichen Graphen entwirrt werden. Und zwar, indem man (wie in Abbildung 57 zu sehen) den Graphen als Wechselwirkungsmatrix darstellt, auf diese den Cluster-Algorithmus anwendet und die nunmehr gemäß ihrer Kopplung angeordneten Elemente in einen Graphen zurücktransformiert.

Ein Pfeildiagramm mit sieben Elementen kann man natürlich auch per Hand und durch Probieren übersichtlich ordnen. Bei mehr als zwanzig Elementen mit vielen Verknüpfungen braucht es aber schon Übung und Zeit und bei mehr als 100 Elementen kommt man mit manuellen Verfahren nicht wirklich voran, besonders dann, wenn die Umformung wiederholt durchgeführt werden muss.

Der eigentliche Zweck des Cluster-Algorithmus besteht allerdings nicht darin, unübersichtliche Pfeildiagramme zu entwirren, sondern stark gekoppelte Cluster und ihre charakteristischen Verbindungsmuster zu finden und im Bild der Wechselwirkungsmatrix sichtbar zu machen.

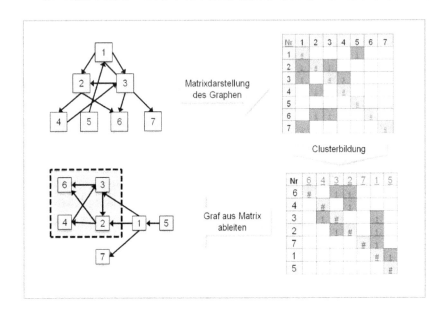

Abbildung 57 "Entwirrung" eines Graphen durch natürliche Clusterung

In Abbildung 58 ist ein Beispiel für die Visualisierung der natürlichen Kopplungscluster zu sehen, wobei die gleiche Menge an Systemen dargestellt wird wie in Abbildung 51. Allerdings sind die Spalten und Zeilen der Matrix nicht mehr nach dem Betriebssystemtyp sortiert, sondern auf eine Weise angeordnet, welche die charakteristischen Verbindungsmuster optisch als Cluster auf der Hauptdiagonale hervortreten lässt.

Auch wenn man für das Ergebnis die ca. 100 Zeilen und Spalten der Matrix „nur" einige Millionen male vertauschen musste (was im Vergleich zur unvorstellbar großen Zahl von 100! ≈ 9.33*10^{157} möglicher Anordnungen sehr wenig ist), braucht man dazu ein Programm, welches gleichzeitig die Darstellung des Ergebnisses und die Berechnung einfacher Summen-Kennzahlen übernehmen kann.

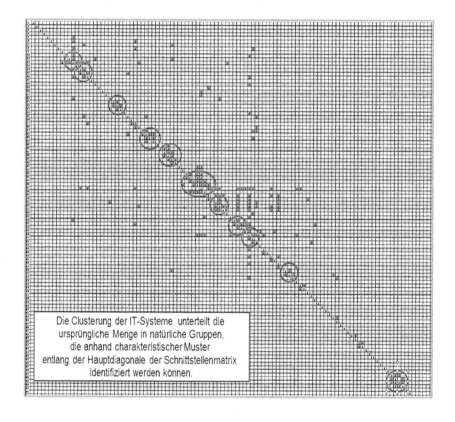

Die Clusterung der IT-Systeme unterteilt die ursprüngliche Menge in natürliche Gruppen, die anhand charakteristischer Muster entlang der Hauptdiagonale der Schnittstellenmatrix identifiziert werden können.

Abbildung 58 Natürliche Cluster als Muster in der Wechselwirkungsmatrix

3.1.11 Kopplungsarten und Abhängigkeiten

Der Datenaustausch zwischen IT-Systemen als ein wichtiger Anwendungsfall wechselseitiger Beziehungen spiegelt sich in den In- und Output-Schnittstellen wider.

In der Praxis wird leider häufig nicht klar definiert, welche Datenflüsse zur Beschreibung und Bewertung der Kopplung der IT-Systeme oder ihrer Komponenten herangezogen werden, so dass der ermittelte Kopplungsgrad verfälscht werden kann.

Betrachtet man zum Beispiel den Datenfluss einer Suchanfrage oder eines Service-Request als gleichberechtig mit dem Nutzdatenfluss der Antwort beziehungsweise dem Service-Response, dann erhält man für jede Anfrage zwei Beziehungen und somit immer einen Loop 2. Ordnung zwischen Datenquelle und Datensenke beziehungsweise zwischen Service-Provider und Service-Consumer. Wird hingegen nur der Nutzdatenfluss als die eigentliche Beziehung verstanden, stehen Loops 2. Ordnung dafür, dass beide Systeme für einander sowohl Datensenke als auch Datenquelle sind. Die erste Variante umfasst triviale oder Pseudoloops aus Anfrage und Antwort, welche die aus Sicht der Facharchitektur bedeutsameren Loops von Variante 2 verdecken und verfälschen. Denn der wechselseitige Austausch von Daten stellt eine wesentlich stärkere fachliche Kopplung zweier Systeme dar als die Nutzung eines Datenlieferanten.

Welche Beziehungen zur Beurteilung der Kopplung zwischen Systemen betrachtet werden ist abhängig von Architektur-Zielen und System-Anforderungen.

In Tabelle 9 sind wichtige Kopplungsarten und die zugehörigen Beziehungen zusammengefasst.

Art der Beziehung	Art der Systeme	Richtung der Beziehung: Wirkung → Betroffenheit Änderung → Folgeänderung	Kardinalität der Beziehung
Kopplung von Systemen über die Datenflüsse zwischen ihnen. Nutz-Datenfluss von einem Quellsystem Q zu einem Zielsystem Z, zum Beispiel infolge eines Serviceaufrufes oder durch Austausch über eine Datei	IT-Systeme, Geschäfts-komponenten, Geschäfts-einheiten und deren Gruppierungen	Q→Z: Datenquelle → Daten-senke Provider → Consumer S1←→S2: Wechselseitige Datensenke und Datenquelle	Funktional: Anzahl der Services, die einen Da-tenfluss von Q nach Z vermitteln Technisch: Anzahl unterschiedlicher technischer Verbindungen zwischen Q und Z Ja-Nein: Es gibt Verbindung = 1 oder X, ansonsten 0 oder leer
Kopplung von Geschäftskomponenten über ihre gemeinsame Implemen-tierung in IT-Systemen	Geschäfts-komponenten und ihre Gruppierungen	G1←→G2: Wechselseitige Kopplung und Abhängigkeit über Quelltext, Technologie	Anzahl gemeinsamer IT-Systeme
Fachliche Kopplung von IT-Systemen durch die Implementierungen gleicher Geschäftskomponenten	IT-Systeme und ihre Gruppierungen	S1←→S2: Wechselseitige Kopplung und Abhängigkeit durch gemeinsam zu realisierende Fachlichkeit	Anzahl gemeinsamer Geschäftskomponenten
Nutzung der Funktionalität (Quelltext, Bibliotheken, Packages) eines Systems B durch ein System A. (B liefert an A)	Software-Komponenten, Software-Architektur-Schichten	B→A: Bereitsteller → Nutzer S1←→S2: Wechselseitige Bereitstellung und Nutzung	Funktional: Anzahl unterschiedlicher Funktionen, Bibliotheken, Packages von B, welche A nutzt (referenziert) Ja-Nein: Nutzung erfolgt = 1 oder X, ansonsten 0 oder leer
Änderungsabhängigkeit: Eine Änderung des Systems M erfordert die Anpassung von S	IT-Systeme, Software-Komponenten, Geschäfts-komponenten	M→S: Master → Slave Änderung → Folgeänderung M←→S: Wechselseitige Kopplung	Häufigkeit oder Wahrscheinlichkeit der Anpassungen des Systems S infolge einer Änderung des Systems M. Ja-Nein: Folgeänderung notwendig = 1 oder X, ansonsten 0 oder leer

Tabelle 9 Beispiele für Kopplungsarten

Die erste Kopplungsart in Tabelle 9 erfolgt über den Datenfluss von einem Quell- zum Zielsystem beziehungsweise durch den zugehörigen Aufruf eines Services oder durch den Austausch einer Datei. Die Beziehungen selbst werden im Rahmen des Enterprise Architecture Managements abgebildet, indem man die Schnittstellen zwischen IT-Systemen in Form von Diagrammen, Tabellen oder in einem EAM-Tool (Repository) dokumentiert. Eine unternehmensweite kontinuierliche Erfassung und Pflege einzelner Service- und Funktionsaufrufe ist aufwändig und findet nur selten statt. Denn vor allem interessieren die organisatorischen Verantwortlichkeiten für die Schnittstellenbeziehungen und die betroffenen Systeme, nicht aber die Aussage, ob über eine technische Verbindung zwei oder zehn Funktionsaufrufe erfolgen.

Doch auch wenn man lediglich danach fragt, ob zwischen zwei Systemen überhaupt Daten ausgetauscht werden und in welcher Richtungen die Daten fließen (zum Beispiel Datenquelle → Datensenke), erhält man bereits einen Verbindungsgraphen, aus dessen Wechselwirkungsmatrix sich grundlegende Kopplungsmuster ableiten lassen. Denn eine Matrixdarstellung mit Berücksichtigung der Anzahl der Services oder technischen Varianten der Schnittstelle führt „nur" zu einer anderen Kardinalität der Beziehungen, nicht aber zu grundlegend anderen Verbindungsmustern.

Für die Beurteilung einer IT-Landschaft im Großen und für die Visualisierung ihrer Beziehungen zwecks Bewertung der organisatorischen Komplexität oder technologischen Vielfalt reichen einfache Ja-Nein-Beziehungen mit lediglich „1" oder „X" als Matrixwerte aus.

3.1.12 Softwarekomponenten-Entwurf

Die wechselseitige Nutzung der Funktionalität unterschiedlicher Softwarekomponenten und Architekturschichten erfolgt durch Funktionsaufrufe im Quelltext und durch die Referenz ihrer Bibliotheksnamen. Abbildung 59 zeigt ein Beispiel für das logische Komponentenmodell einer Webanwendung und Abbildung 60 die zugehörige Wechselwirkungsmatrix. Die Matrix visualisiert die funktionalen Abhängigkeiten der Komponenten infolge ihrer Aufrufbeziehungen im Quelltext. Die Sortierreihenfolge entspricht derjenigen einer Schichtenarchitektur, die sich am Datenfluss vom Frontend zum Backend orientiert. Die linke unter Hälfte der Matrix ist leer, das heißt es gibt keine Loops und keine Rückkopplung zwischen den Komponenten des Architekturmodells. Damit erfüllt die Architektur sowohl das Prinzip der schwachen funktionalen Kopplung ihrer logischen Komponenten und Schichten als auch die Anforderung, dass die Präsentationslogik unabhängig von der Businesslogik implementiert wird. Die Architekturvorgaben sichern – bei Einhaltung - die Einfachheit jeder nach dieser Architektur entwickelten Anwendung.

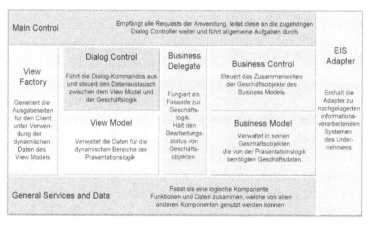

Abbildung 59 Logische Komponenten einer Webanwendung

Frontend   Backend

Architektur Regeln		Main Control	View Factory	Dialog Control	View Model	Business Delegate	Business Component Control	Business Model	EIS Adapter	General Services/Data
Der Main Controller ist unabhängig von Geschäftslogik und EIS-Adapter	Main Control	●	←	←	←					←
	View Factory		●	←						←
Die View Factory benutzt allein Objekte des View Model (und nicht der Geschäftslogik)	Dialog Control			●	←	←	←	←		←
	View Model				●					←
Die Geschäftslogik ist unabhängig von der Präsentationslogik und von spezifischen Datenzugriffskanälen	Business Delegate					●	←	←		←
	Business Component Control						●	←		←
	Business Model							●	←	←
Komponenten sind unabhängig von Komponenten, welche dem Frontend „näher" sind	EIS Adapter								●	←
	General Services/Data									●

A ← B   Komponente A nutzt Komponente B

Abbildung 60 Schwache Kopplung von Komponenten und Architektur-Schichten

Die Gruppierung der Fachfunktionen in Geschäftskomponenten und IT-Systemen nennt man auch den Komponenten- oder Systemschnitt. Von ihm hängen nicht nur die inneren und äußeren funktionalen und technischen Kopplungsstärken der Geschäftskomponenten und IT-Systeme, sondern auch die notwendigen Folgeänderungen bei Anpassungen und Fehlern.

Ein einfaches Beispiel, wie man fünf Funktionen zu 2 Komponenten bündeln kann ist in Abbildung 61 zu sehen. In der schlechten Variante besitzen die Komponenten überhaupt keine inneren Beziehungen, sind aber maximal untereinander gekoppelt. Durch eine einzige Vertauschung zweier Funktionen (F1 → K2 und F4→K1) erhält man die optimale schwache Kopplung der beiden Komponenten.

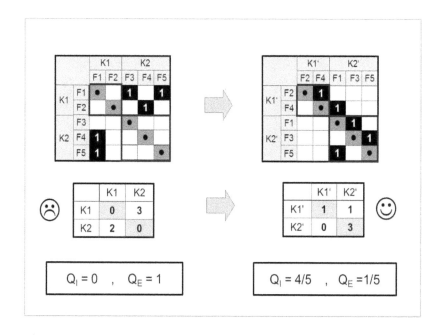

Abbildung 61 Beispiel für einen schlechten und guten Komponentenschnitt

Im Beispiel wurde eine gegebene Menge von 5 Funktionen in jeweils zwei Komponenten mit 2 und 3 Funktionen unterteilt. Allerdings besitzen die beiden alternativen Zerlegungen völlig unterschiedlicher innere und äußere Kopplung, was in den Kennzahlen Q_I und Q_E zum Ausdruck kommt.

3.2 Die Ausbreitung von Wirkungen

3.2.1 Anregungen als Methode zur Analyse von Wirkung und Betroffenheit

Als Anregung bezeichnen wir ein reales, gedachtes oder simuliertes Ereignis, das in irgendeiner Weise auf ein Element eines Systems einwirkt, dessen Zustand ändert, eine Reaktion des Elements und Systems bewirkt und gegebenenfalls Folgeanregungen in anderen Elementen und Systemen. Konkrete Formen einer Anregung und ihrer Fortpflanzung haben wir bereits kennengelernt:

- den Datentransport von Datenquellen zu Datensenken
- Funktionsaufrufe und deren Folgeaufrufe
- Änderungen an IT-Systemen und deren Folgeänderungen

Der Umfang von Änderungen an IT-Systemen und ihre notwendigen Folgeänderungen am eigenen und an anderen Systemen sind ein wesentliches Merkmal von Komplexität. Geschäftskomponenten oder Geschäftsfunktionen, die man aufgrund ihrer Fachlichkeit häufig ändern muss oder solche, die bekanntermaßen störanfällig sind, sollten idealerweise so implementiert werden, dass ihre Änderung keine oder nur wenige Folgeänderungen nach sich zieht. Inwieweit das möglich ist, kann man mit Hilfe des Konzepts der Anregungen, das wir im Kapitel entwickeln werden, analysieren. Da eine Systemänderung ein spezieller Fall einer Anregung darstellt, können wir die abgeleiteten Beziehungen unmittelbar zur Analyse von Änderungen nutzen. Formal müssen wir lediglich den Begriff "Anregung" durch das Wort "Änderung" ersetzen. Bei der Ableitung der allgemeinen Methoden und Formeln zur Berechnung von Kennzahlen zu Wirkung, Betroffenheit und Stabilität bleiben wir aber bei der generischen Bezeichnung „Anregung".

3.2.2 Die initiale Anregung oder Anregung 1. Ordnung

Die initiale Anregung oder Anregung 1. Ordnung wird durch ein (konkretes oder simuliertes) externes Ereignis ausgelöst, welches auf ein oder mehrere Elemente eines oder mehrerer Systeme wirkt.

Als Kenngröße der initialen Anregung verwenden wir die Anzahl an Anregungen eines Elementes oder Systems wie beispielsweise dessen Anpassungen und Änderungen in einem Jahr.

Die Anregungen 1. Ordnung aller Elemente eines Systems kann man in Form einer Liste beziehungsweise etwas mathematischer ausgedrückt in Form eines Vektors schreiben:

$$
\mathbf{D}^{(1)} = \begin{bmatrix} D_1^{(1)} \\ \vdots \\ D_N^{(1)} \end{bmatrix}
$$

Das Symbol $\mathbf{D}^{(1)}$ steht für die Anregungen $(D_1^{(1)}, D_2^{(1)}, D_3^{(1)} \cdots D_N^{(1)})$ der einzelnen Elemente (1,2,3 .. N) und der hochgestellte Index (1) für die Ordnung der Anregung (hier 1. Ordnung).

3.2.3 Die Fortpflanzung von Anregungen

Die Folgeanregungen der initialen Anregungen werden durch die Beziehungen zwischen Systemen und ihren Elementen und somit durch die Wechselwirkungsmatrix bestimmt.

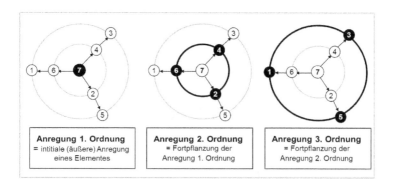

Abbildung 62 „Wellenförmige" Fortpflanzung einer initialen Anregung

In Abbildung 62 ist beispielhaft dargestellt, wie sich eine initiale Anregung eines Elementes über die Beziehungen zu anderen Elementen fortpflanzt und auf diese wirkt. Weil im Beispiel Rückkopplungen fehlen, breitet sich die Anregung (bei geeigneter Darstellung) wellenförmig aus. Ein konkretes Beispiel von Abbildung 62 wäre:

- Initiale Anregung 1.Ordnung: Änderung eines Datenobjektes beziehungsweise Datenservices (Element 7)

- Anregung 2. Ordnung: Notwendige Anpassung dreier Schnittstellen (Elemente 2, 4, 6) an die Datenänderung

- Anregung 3. Ordnung: Anpassung dreier Bildschirmdialoge (Elemente 1,3,5) an die geänderten Daten

Die zu Abbildung 62 gehörige Wechselwirkungsmatrix ist in Abbildung 63 zu sehen, wo zugleich das Prinzip der Berechnung von Folgeanregungen skizziert ist.

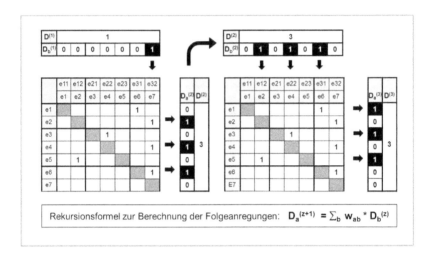

Abbildung 63 Berechnung von Folgeanregungen mittels der Wechselwirkungsmatrix zu Abbildung 41

Die aktuelle Anregung (initial oder Folge) geht jeweils von den Spalten-Elementen der Wechselwirkungsmatrix aus. Der Anregungszyklus beginnt mit den initialen oder Anregungen 1. Ordnung. Ist der Wert einer Anregung gleich Null, erfolgt keine Folgeanregungen. Bei einem Anregungswert größer Null (im Beispiel $D_7^{(1)} = 1$ für das Element 7) kann das betreffende Element Ausgangspunkt von Folgeanregungen sein. Diese erfolgt allerdings nur dann, wenn zwischen beiden Elementen eine gerichtete Verbindung besteht (das Matrixelement der Wechselwirkungsmatrix ist dann größer Null). Im Beispiel löst das Spalten-Element 7 deshalb nur für die Zeilen-Elemente 2, 4 und 6 Folgeanregungen 2. Ordnung aus. Diese Anregungen 2. Ordnung sind Auslöser von Folgeanregungen der 3. Ordnung.

Allgemein gilt:

Eine Folgeanregung $D_a^{(z+1)}$ des a-ten Zeilen-Elementes durch die Anregung $D_b^{(z)} > 0$ des b-ten Spalten-Elementes erfolgt, wenn das (zur Zeile und Spalte gehörige) Matrixelement w_{ab} der Wechselwirkungsmatrix größer Null ist ($w_{ab} > 0$). Die grundlegende Beziehung zur Berechnung einer (einzelnen) Folge-anregung lautet:

$$D_a^{(z+1)} = w_{ab} * D_b^{(z)}$$

Summiert man in der obigen Gleichung über alle Spalten-Elemente erhält man eine Rekursionsformel zur Berechnung der Anregungen der Zeilen-Elemente aus den Anregungen der Spalten-Elemente.

$$D_a^{(z+1)} = \Sigma_{b=1,N} \; w_{ab} * D_b^{(z)}$$

Die berechneten Anregungen sind jeweils die Auslöser der nächsten Ordnung oder Stufe von Folgeanregungen.

Die Rekursionsformel und die weiteren Formeln zur Berechnung von Anregungen sind formal identisch mit denen für ein künstliches neuronales Netz. Das anregende Element b entspricht dem sendenden Neuron, das angeregte oder betroffene Element a dem empfangenden Neuron und die Kopplungsstärke w_{ab} dem Gewicht zwischen den Neu-ronen. Auch wenn sich die Systemmodelle, Methoden und For-meln zur Wechselwirkungskomplexität und jene der künstlichen neuronalen Netze ähneln, dienen sie unterschiedlichen Zwecken:

- Neuronale Netze suchen zu einem gegebenen Input ein Kopp-lungsmuster, das den richtigen Output erzeugt.

- Das Komplexitätsmanagement sucht zu einem gegebenen Input und Output (in Form der IT-Spezifikation) die am wenigsten komplexen Kopplungsmuster.

Mathematisch stellt die Gleichung $D_a^{(z+1)}=\Sigma_{b=1,N}\ w_{ab}{}^*D_b^{(z)}$ das Skalar-produkt des Anregungsvektors $D^{(z)}=D_b^{(z)}$ mit der Wechselwirkungs-matrix $W=(w_{ab})$ dar, in dessen Ergebnis der Anregungsvektor der nächst höheren Ordnung $D^{(z+1)}=D_a^{(z+1)}$ entsteht. Man kann die Rekur-sionsformel für die Anregungen deshalb kompakt beziehungsweise symbolisch wie folgt schreiben:

$$D^{(z+1)} = W * D^{(z)}$$

Da alle Rekursionen aus der initialen Anregung $D^{(1)}$ hervorgehen, lauten die Anregungen erster und höherer Ordnung explizit:

$$D^{(1)}$$
$$D^{(2)} = W * D^{(1)}$$
$$D^{(3)} = W * D^{(2)} = W * W * D^{(1)} = W^2 * D^{(1)}$$
$$D^{(4)} = W * D^{(3)} = W * W^2 * D^{(1)} = W^3 * D^{(1)}$$
. . .

Durch Summation [$D^{(1)} + D^{(2)} + D^{(3)} + D^{(4)}$ ...] erhält man die Gesamt-anregung:

$$D = [1 + W + W^2 + W^3 + ...] * D^{(1)}$$

Mittels der obigen Gleichungen kann man die Anregung konkreter Systeme oder typischer Modelle quantitativ berechnen und daraus Aussagen zu deren Wechselwirkungskomplexität ableiten. Für die Berechnungen braucht man lediglich einfache Computerprogramme, die unter anderem die Matrizenmultiplikationen ausführen.

Für das Verständnis der folgenden Betrachtungen und für qualitative Aussa-gen reicht es aber vollkommen aus, wenn man die einfachen Formeln symbo-lisch betrachtet. Unabhängig davon sind sie jedoch nach wie vor die mathe-matische Schreiweise quantifizierbaren Beziehungen.

3.2.4 Ein Kriterium für die Abwesenheit von Loops

Die iterative Berechnung der Anregungen höherer Ordnung führt zu einem einfachen Kriterium, mit dem man die Abwesenheit von Loops als Treibern der Wechselwirkungskomplexität nachweisen kann. Hierzu betrachten wir in Abbildung 64 Beispiele für charakteristische Verbindungsmuster der losen und schwachen Kopplung für jeweils 5 Elemente. Die Pfeile symbolisieren die Anregungen der Elemente, beginnend mit der initialen Anregung 1. Ordnung des Elementes mit der jeweils höchsten Nummer.

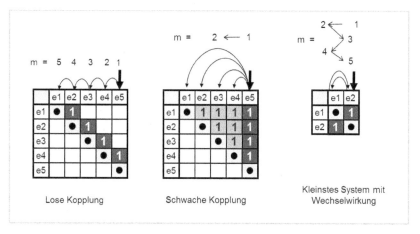

Abbildung 64 Anregungsszenarium für drei Arten der Systemkopplung

Bei loser und schwacher Kopplung kann die Wechselwirkungsmatrix so dargestellt werden, dass die linke, untere Matrixhälfte leer bleibt. Ein Matrixelement befindet sich *links unten*, wenn seine Zeilen-Nummer größer ist als die Spalten-Nummer. Bezeichnen wir die Zeilen-Nummer mit **a** und Spalten-Nummer mit **b**, dann gilt für Matrixelemente w_{ab} *links unterhalb* der Hauptdiagonale die Ungleichung a > b, und für alle Matrixelemente *rechts oberhalb* a < b.

Die Bedingungen für die lose und schwache Kopplung (das heißt für einen leere linke untere Hälfte und eine beliebig gefüllte rechte obere Hälfte der Wechselwirkungsmatrix) lauten somit:

links unten leer: $w_{ab} = 0$ für $a > b$

rechts oben beliebig: $w_{ab} \geq 0$ für $a < b$

Die Iterationsformel für die Anregung des a-ten Zeilen-Elements durch das b-te Spalten-Element lautet: $D_a^{(z+1)} = w_{ab} * D_b^{(z)}$. Da bei loser und schwacher Kopplung per Definition alle Matrixelemente in der linken, unteren Hälfte der Wechselwirkungsmatrix leer oder Null sind, gibt es Folgeanregungen nur für $w_{ab} \geq 0$ und $a < b$. In der Iterationsformel bedeutet $a < b$ jedoch, dass die Zeilen-Nummer a mit jedem Iterationsschritt um mindestens den Betrag 1 kleiner wird, und zwar so lange bis man bei $a=1$ angelangt ist. Im Bild der Wechselwirkungsmatrix für die lose Kopplung von Abbildung 64 „bewegt" man sich zum Beispiel von der letzten Spalte 5 schrittweise nach links bis man Spalte 1 erreicht hat.

Bei insgesamt N Elementen und Start mit dem N-ten Element kann man die Iteration maximal (N-1) mal ausführen. Auf diese Weise gelangt man maximal bis zu einer Anregung der Ordnung N. Die Anregungskette bei loser oder schwacher Kopplung kann früher als bei der N-ten Iteration abrechen, aber niemals später, weshalb das hinreichende Kriterium dafür ist, dass keine Loops und Rückkopplungen existieren, lautet:

Ab der Ordnung (N+1) gibt es bei loser und schwacher Kopplung keine Anregungen mehr, das heißt es gilt:

$$D_a^{(z)} = 0 \quad \text{für} \quad z > N$$

Die Gleichungen gestatten es, die Abwesenheit von Loops als Treiber der Wechselwirkungskomplexität festzustellen. Die Methode ist unabhängig von der Darstellung der Wechselwirkungsmatrix, auch wenn zur anschaulichen Ableitung des Abbruchkriteriums die Diagonalform verwendet wurde.

3.2.5 Kennzahlen zur Wechselwirkung auf Basis von Anregungen

Eine einfache initiale Anregung ($D_b^{(1)}=1$) stellt eine Art Testsignal dar, dessen Ausbreitung und Wirkung man im Systemverbund berechnen und simulieren kann. Die Art und Weise, wie sich die Anregung fortpflanzt, wie sie sich verstärkt, abschwächt oder ganz zum Erliegen kommt, gibt Aufschluss über die Wechselwirkungen und die Wechselwirkungskomplexität des Gesamtsystems.

Die Anregungen $D^{(z)}$ = ($D_1^{(z)}$, $D_2^{(z)}$, $D_3^{(z)}$ $\cdots$ $D_N^{(z)}$) der Ordnung z=1,2,3,... für die einzelnen Elemente (1,2,3 .. N) eines Systems sind deshalb allesamt Kenngrößen seiner Wechselwirkungskomplexität.

Mit Hilfe der definierten Beziehungen und Methoden können wir Anregungen berechnen und somit für konkrete Szenarien oder reale Systeme die Kennzahlen für die innere Kopplung, die Wirkung und die Betroffenheit von Systemen und Elementen ermitteln und vergleichen. Numerische Berechnungen erfordern allerdings detaillierte und genau Systemmodelle mit allen relevanten Beziehungen in Form der Wechselwirkungsmatrix.

Zur Ableitung von Architekturleitplanken und Managementempfehlungen brauchen wir jedoch keine konkreten Daten. Hierfür genügen die analytischen Formeln, anhand derer man verifizieren kann, was bestimmte Konstellation ihrer Parameter in charakteristischen Szenarien bedeuten und bewirken.

Im Folgenden leiten wir aus der allgemeinen (und symbolischen) Iterations-Formel $\mathbf{D}^{(z+1)}=\mathbf{W}*\mathbf{D}^{(z)}$ für Anregungen spezielle Beziehungen für die Wechselwirkung eines Systems mit seiner Umgebung ab, die durch die folgenden drei Kenngrößen beschrieben wird:

- Interne Kopplung oder Wechselwirkungskomplexität

- Wirkung auf die Umgebung

- Betroffenheit durch die Umgebung

Die Definitionen (und Berechnungsvorschrift) dieser Kenngrößen mittels des Begriffs und Prinzips der Anregungen lauten:

- Die interne Wechselwirkungskomplexität berechnet sich aus der Anzahl an Folgeanregungen (bis zu einer definierten Ordnung), welche die initialen Anregungen des Systems in diesem selbst verursachen.

- Die Wirkung eines Systems oder Elements errechnet sich aus der Anzahl an Folgeanregungen (bis zu einer definierten Ordnung), welche die initiale Anregung des Elementes oder Systems in seiner Umgebung verursacht.

- Die Betroffenheit eines Systems oder Elements errechnet sich aus der Anzahl seiner Folgeanregungen (bis zu einer definierten Ordnung), die durch initiale Anregungen aller Elemente seiner Umgebung verursacht werden.

Bei der Berechnung der Kennzahlen *für Wirkung* und *Betroffenheit* mit dem oben beschrieben Iterationsverfahren wird angenommen, dass eine Folgeanregung immer auftritt, sobald zwei Elemente geeignet verknüpft sind. Die absolute Anzahl an Folgeanregungen wird deshalb bei dieser Art Berechnung oder Simulation möglicherweise größer sein oder schneller anwachsen als in der Realität, was allerdings für die Modellrechnungen unerheblich ist.

Für den Vergleich und die Klassifizierung von Systemelementen bei gegebener Wechselwirkungsmatrix oder für die Bewertung unterschiedlicher Kopplungsmuster braucht man keine absoluten Zahlenangaben, sondern lediglich die Differenz oder das Verhältnis der Kennzahlenwerte.

Für die die weiteren Betrachtungen benutzen wir die Zerlegung der Wechselwirkungsmatrix in Teilmatrizen aus dem Kapitel „*Arten der Wechselwirkung*" (siehe auch Abbildung 53):

$$\mathbf{W} = \mathbf{W}_{int} + \mathbf{W}_{ext \rightarrow int} + \mathbf{W}_{int \rightarrow ext} + \mathbf{W}_{ext}$$

Für $\mathbf{D}^{(z+1)} = \mathbf{W} * \mathbf{D}^{(z)}$ erhalten wir dann den folgenden Ausdruck:

$$\mathbf{D}^{(z+1)} = \mathbf{W}_{int} * \mathbf{D}^{(z)} + \mathbf{W}_{ext \rightarrow int} * \mathbf{D}^{(z)} + \mathbf{W}_{int \rightarrow ext} * \mathbf{D}^{(z)} + \mathbf{W}_{ext} * \mathbf{D}^{(z)}$$

Die vier Summanden verknüpfen die Kopplung als strukturelles Systemmerkmal mit der Häufigkeit initialer Anregungen als Ausdruck äußerer Ereignisse. Sie stellen eine Verallgemeinerung der internen und externen Kopplungsstärken C_{int}, $C_{ext \rightarrow int}$, $C_{int \rightarrow ext}$ und C_{ext} dar, denn letztere erhält man gerade für die Folgeanregungen 2. Ordnung, also z=1, bei einmaliger initialer Anregung aller Elemente, das heißt $\mathbf{D}^{(1)} =$ (1,1,1,1, …1).

Ähnlich der Zerlegung der Wechselwirkungsmatrix können wir auch die Anregungsanzahlen $\mathbf{D}^{(z)}$ als Summe aus den Anregungen des Systems $\mathbf{D}_{int}^{(z)}$ und den Anregungen der Umgebung $\mathbf{D}_{ext}^{(z)}$ schreiben:

$$\mathbf{D}^{(z)} = \mathbf{D}_{int}^{(z)} + \mathbf{D}_{ext}^{(z)}$$

Die Bedeutung der beiden Summanden sowie der vier Arten der Wechselwirkung (und der zugehörigen Teile der Wechselwirkungsmatrix) ist nochmals in Abbildung 65 veranschaulicht und erläutert.

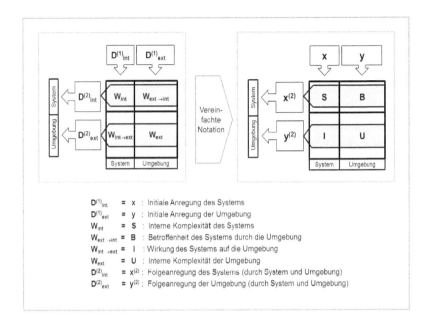

Abbildung 65 Anregung eines Systems und seiner Umgebung

Wie man anhand der Abbildung erkennt, werden die Folgeanregungen 2. Ordnung des Systems und der Umgebung ($D^{(2)}_{int}$ und $D^{(2)}_{ext}$) jeweils durch beide initiale Anregungen ($D^{(1)}_{int}$ und $D^{(1)}_{ext}$) des Systems und der Umgebung ausgelöst. Für die Übertragung der Wirkung auf das System sind die oberen Teilmatrizen W_{int} und $W_{ext \to int}$ relevant und für die Umgebung die unteren Teilmatrizen $W_{int \to ext}$ und W_{ext}. Die Formeln zur Berechnung der Anregungen für System und Umgebung lauten deshalb:

$$D^{(z+1)}_{int} = W_{int} * D^{(z)}_{int} + W_{ext \to int} * D^{(z)}_{ext}$$

$$D^{(z+1)}_{ext} = W_{int \to ext} * D^{(z)}_{int} + W_{ext} * D^{(z)}_{ext}$$

Damit sich die Ausdrücke für die Anregungen von System und Umgebung besser lesen und analysieren lassen, verwenden wir im Folgenden die Buchstaben S, B, I, U und x, y (ohne Index *int* und *ext*) für die vier Teilmatrizen sowie für die Anregungsvektoren (siehe auch Abbildung 65). Mit den einfachen Bezeichnern (und ohne das spezielle Symbol * für das Produkt) erhalten wir für die Anregungen 1. bis 3. Ordnung von System und Umgebung folgende Ausdrücke:

$$D^{(1)}_{int} = x^{(1)} = x$$
$$D^{(1)}_{ext} = y^{(1)} = y$$

$$D^{(2)}_{int} = x^{(2)} = Sx + By$$
$$D^{(2)}_{ext} = y^{(2)} = Ix + Uy$$

$$D^{(3)}_{int} = x^{(3)} = (S^2+BI)\,x + (S+U)\,By$$
$$D^{(3)}_{ext} = y^{(3)} = (S+U)\,Ix + (U^2+IB)y$$

Die Gesamtanregung des Systems (D_{int}) und der Umgebung (D_{ext}) ergibt sich als Summe der Anregungen der Ordnung 1 bis 3. zu:

$$D_{int} = (1+S+S^2)x + (1+S+U)By + BIx$$

und

$$D_{ext} = (1+U+U^2)y + (1+S+U)Ix + IBy$$

Je nachdem, ob die Anregungszahlen nahe Null sind oder sehr groß, sprechen wir von stabilen oder volatilen Systemen und Umgebungen:

- hohe Stabilität des Systems: $D_{int} \cong 0$
- hohe Stabilität der Umgebung: $D_{ext} \cong 0$
- große Volatilität des Systems: $D_{int} \gg 0$
- große Volatilität der Umgebung: $D_{ext} \gg 0$

3.2.6 Änderungshäufigkeit und Stabilität

Betrachten wir nunmehr Änderungen als wichtigen Spezialfall von Anregungen, dann stellen die Größen

$$\mathbf{D}_{int} = (1+S+S^2)\mathbf{x} + (1+S+U)B\mathbf{y} + BI\mathbf{x}$$

und

$$\mathbf{D}_{ext} = (1+U+U^2)\mathbf{y} + (1+S+U)I\mathbf{x} + IB\mathbf{y}$$

die Änderungshäufigkeiten eines Systems und seiner Umgebung dar, die wir in Abhängigkeit von insgesamt 6 Größen berechnen können:

- die Komplexität S und U der internen Abhängigkeiten des Systems und der Umgebung.

- die Wirkung I des Systems auf die Umgebung in Form der Folgeänderungen an der Umgebung bei Änderung des Systems.

- die Betroffenheit B des Systems durch die Umgebung in Form von Anpassungen des Systems an Änderungen der Umgebung.

- die initialen Änderungen x und y von Systems und Umgebung

Die Ausdrücke für die Änderungshäufigkeit von System und Umgebung setzen sich aus jeweils drei Summanden zusammen, die für eine eigene Art von Änderungen und Kopplung stehen:

- Die Summanden $(1+S+S^2)\mathbf{x}$ und $(1+U+U^2)\mathbf{y}$ repräsentieren die Änderungen von System oder Umgebung, welche durch ihre eigenen initialen Änderungen x und y ausgelöst und durch die innere Kopplung S und U ihrer Elemente verstärkt werden.

- Die Ausdrücke $(1+S+U)B\mathbf{y}$ und $(1+S+U)I\mathbf{x}$ stehen für die Anzahl an Folgeänderungen des Systems und der Umgebung, welche durch die initialen Änderungen des jeweiligen Partners ausgelöst und durch die Kopplung B und I weitergeleitet werden. Die Summe der Kopplungsmatrizen S und U wirkt jeweils als Verstärkungsfaktor für die Anzahl der Folgeänderung.

- In den Produkten BI und IB der Summanden BIx und IBy zeigt sich die (einfache) Rückkopplung einer initialen Anregung x des Systems oder y der Umgebung auf sich selbst. Diese ist umso wirksamer je stärker die wechselseitige Kopplung von System und Umgebung ist.

Im Folgenden wollen wir untersuchen, unter welchen Bedingungen ein System oder seine Umgebung sehr stabil oder sehr volatil sind. Darauf aufbauend werden wir anschließend einige für das Komplexitätsmanagement relevante Fragen beantworten:

- Wann dürfen ein System oder seine Umgebung komplex sein?

- Wann dürfen ein System oder seine Umgebung volatil sein?

- Wann müssen ein System oder seine Umgebung einfach sein?

- Wann müssen ein System oder seine Umgebung stabil bleiben und können nicht geändert werden?

Die Fragen zeigen, dass Komplexitätsreduzierung und Stabilität gegenüber Änderungen wichtige, aber nicht die einzigen Ziele des Komplexitätsmanagements sind. Denn IT-Systeme hinreichend komplex sein, um ihre wachsenden Aufgaben zu erfüllen und flexibel genug, um dynamische Geschäftsprozesse und personalisierte Angebote zu interstützen.

In Abbildung 66 sind vier Szenarien mit fehlender (=0) oder sehr großer (=↑) initialer Änderungshäufigkeit des Systems (x) und der Umgebung (y) dargestellt. Zu jedem Szenario empfehlen wir qualitative Werte für die innere Kopplung S und U von System und Umgebung sowie die Kopplung I und B zwischen System und Umgebung.

Sind sowohl das System und seine Umgebung (initial) stark veränderlich, sollte die Kopplung innerhalb und zwischen System und Umgebung klein sein. Andernfalls sollte man Änderungen einfach und kostengünstig durchführen können, zum Beispiel durch Konfiguration. Die Anzahl an Folgeänderungen selbst hängt wesentlich von der Art der internen und externen Kopplung ab, weshalb man anhand der jeweiligen Kopplungsmuster untersuchen muss, ob schwache oder starke Kopplung vorliegt.

0 = klein, ↑ = groß			
X=0 Y=↑		**X=↑ Y=↑**	
Kopplungsart	Empfohlene Komplexität	Kopplungsart	Empfohlene Komplexität
S	beliebig, wenn B=0 klein, wenn B=↑	S	klein
U	klein	U	klein
I	beliebig, wenn B=0 klein, wenn B=↑	I	klein
B	beliebig, wenn S=0 und I=0 klein, wenn S=↑ oder I=↑	B	klein
X=0 Y=0		**X=↑ Y=0**	
Kopplungsart	Empfohlene Komplexität	Kopplungsart	Empfohlene Komplexität
S	beliebig	S	klein
U	beliebig	U	beliebig, wenn I=0 klein, wenn I=↑
I	beliebig	I	beliebig, wenn U=0 und B=0 klein, wenn U=↑ oder B=↑
B	beliebig	B	beliebig, wenn I=0 klein, wenn I=↑

Abbildung 66 Empfohlene Komplexität bei kleiner und großer initialer Änderungshäufigkeit von System und Umgebung

Verursachen weder das System noch die Umgebung initiale Änderungen, müssen nicht alle Kopplungsarten gleichzeitig klein sein, wie aus den Bedingungen in Abbildung 66 hervorgeht. Am größten ist der Spielraum zur Gestaltung der IT-Landschaft, wenn System und Umgebung nicht geändert werden. Die Komplexität der inneren und externen Kopplung von System und Umgebung können dann beliebig sein.

Brauchen weder das System noch seine Umgebung geändert zu werden, dann waren deren Komplexität und Kopplung zwar für den Entwicklungsaufwand relevant, sind es aber nicht während ihrer Nutzung. Denn die Komplexität fachlich stabiler und fehlerfrei funktionierender Systeme bemerken wir nicht. Solcherart stabile Systeme sind aus Sicht des Komplexitätsmanagements außerordentlich gutartig, da man sich während ihrer Lebensdauer wenig um sie kümmern braucht.

Sind das System und seine Umgebung allerdings nur deshalb stabil, weil jede initiale Änderung aufgrund zahlreicher Folgeänderungen zu kostspielig oder riskant wäre, handelt es sich nicht mehr um gutartige Teile der IT-Landschaft. Nicht vermeidbare Erweiterungen und Anpassungen erfolgen dann notgedrungen unter Umgehung der nicht änderbaren Systeme. Hierdurch entstehen leicht zusätzliche Komplexität, weshalb erzwungen stabile Systeme die besondere Aufmerksamkeit seitens des Komplexitätsmanagements erfordern.

Stabile und erzwungen stabile Systeme oder Umgebungen haben wir in Tabelle 10 und Tabelle 11 mit den Symbolen ☺ beziehungsweise ☹ versehen. Beide Tabellen bieten einen Überblick über die Stabilität oder Volatilität von System und Umgebung für alle Kombinationen aus kleiner (x,y $\cong$ 0) und großer (x,y > 0) *initialer* Änderungshäufigkeit und kleiner (I,B $\cong$ 0) und großer (I,B >> 0) Kopplung (von System und Umgebung). Für jede Kombination von *klein* und *groß* der Variablen x, y, B und I ermitteln wir die spezifischen Berechnungsformeln für die Änderungshäufigkeiten D_{int} oder D_{ext} des

Systems und seiner Umgebung. Ergibt sich für D_{int} und D_{ext} der Wert Null, dann sind das System beziehungsweise seine Umgebung unter den gegebenen Voraussetzungen stabil bezüglich Änderungen. Andernfalls handelt es sich um volatile Systeme und Umgebungen. Je nachdem welche der Variablen x, y, B und I wir Null setzen, erhalten wir aus den allgemeinen Gleichungen

$$D_{int} = (1+S+S^2)x + (1+S+U)By + BIx$$

$$D_{ext} = (1+U+U^2)y + (1+S+U)Ix + IBy$$

(zumeist einfachere) Sonderformen, aus denen man erkennen kann, ob und wie man die Anzahl an Änderungen von System und Umgebungen steuern kann, und ob es Größen gibt, welche unter den gegebenen Umständen die Änderungshäufigkeit nicht beeinflussen.

Weil fehlende oder einseitige Kopplung zwischen System und Umgebung weniger komplex ist als wechselseitige Kopplung, unterscheiden wir außerdem drei Kopplungsklassen von Systemen beziehungsweise Umgebungen:

- isoliert: B= 0 und I=0

- einseitig gekoppelt: B=0 oder I=0

- wechselseitig gekoppelt: B > 0 und I > 0

System			Kopplung					Umgebung		
D_{int}	Zustand des Systems	Empfohlene Komplexität S des Systems	X	I	Kopplung von System und Umgebung	B	y	D_{ext}	Zustand der Umgebung	Empfohlene Komplexität U der Umgebung
0	stabil ☺	beliebig	0	0	keine (System u. Umgeb. isoliert)	0	0	0	stabil ☺	beliebig
0	stabil ☺	beliebig	0	0	einseitig (nur Umgebung wirkt)	↑	0	0	stabil ☺ oder erzwungen stabil ☺	beliebig
0	stabil ☺	beliebig	0	0	keine (System u. Umgeb. isoliert)	0	↑	$(1+U+U^2)y$	volatil	sollte klein sein
0	stabil ☺ oder erzwungen stabil ☺	beliebig	0	↑	einseitig (nur System wirkt)	0	0	0	stabil ☺	beliebig
0	stabil ☺ oder erzwungen stabil ☺	beliebig	0	↑	wechselseitige Kopplung	↑	0	0	stabil ☺ oder erzwungen stabil ☺	beliebig
0	stabil ☺ oder erzwungen stabil ☺	beliebig	0	↑	einseitig (nur System wirkt))	0	↑	$(1+U+U^2)y$	volatil	sollte klein sein
$(1+S+S^2)x$	volatil	sollte klein sein	↑	0	keine (System u. Umgeb. isoliert)	0	0	0	stabil ☺	beliebig
$(1+S+S^2)x$	volatil	sollte klein sein	↑	0	einseitig (nur Umgebung wirkt)	↑	0	0	stabil ☺ oder erzwungen stabil ☺	beliebig
$(1+S+S^2)x$	volatil	sollte klein sein	↑	0	keine (System u. Umgeb. isoliert)	0	↑	$(1+U+U^2)y$	volatil	sollte klein sein
$(1+S+S^2)x$	volatil	sollte klein sein	↑	↑	einseitig (nur System wirkt))	0	0	$(1+S+U)Ix$	erzwungen volatil ☺	sollte klein sein
$(1+S+S^2)x$	volatil	sollte klein sein	↑	↑	einseitig (nur System wirkt))	0	↑	$(1+U+U^2)y +$ $(1+S+U)Ix$	erzwungen volatil ☺	sollte klein sein
$(1+S+U)By$	erzwungen volatil ☺	sollte klein sein	0	0	einseitig (nur Umgebung wirkt))	↑	↑	$(1+U+U^2)y$	volatil	sollte klein sein
$(1+S+S^2)x +$ $(1+S+U)By$	erzwungen volatil ☺	sollte klein sein	↑	0	einseitig (nur Umgebung wirkt))	↑	↑	$(1+U+U^2)y$	volatil	sollte klein sein
$(1+S+U)By$	erzwungen volatil ☺	sollte klein sein	0	↑	wechselseitige Kopplung	↑	↑	$(1+U+U^2)y +$ IBy	erzwungen volatil ☺	sollte klein sein
$(1+S+S^2)x +$ BIx	erzwungen volatil ☺	sollte klein sein	↑	↑	wechselseitige Kopplung	↑	0	$(1+S+U)Ix$	erzwungen volatil ☺	sollte klein sein
$(1+S+S^2)x +$ $(1+S+U)By +$ BIx	erzwungen volatil ☺	sollte klein sein	↑	↑	wechselseitige Kopplung	↑	↑	$(1+U+U^2)y +$ $(1+S+U)Ix +$ IBy	erzwungen volatil ☺	sollte klein sein

0 = klein, ↑ = groß

Tabelle 10 Stabilität von System und Umgebung bei kleiner und großer initialer Änderungshäufigkeit und Kopplung von System und Umgebung

System					Kopplung			Umgebung		
D_{int}	Zustand des Systems	Empfohlene Komplextät S des Systems	x	I	Kopplung von System und Umgebung	B	y	D_{ext}	Zustand der Umgebung	Empfohlene Komplextät U der Umgebung
0	stabil ☺	beliebig	0	0		0	0	0	stabil ☺	beliebig
0	stabil ☺	beliebig	0	0	System und Umgebung sind isoliert	0	↑	$(1+U+U^2)y$	volatil	sollte klein sein
$(1+S+S^2)x$	volatil	sollte klein sein	↑	0		0	0	0	stabil ☺	beliebig
$(1+S+S^2)x$	volatil	sollte klein sein	↑	0		0	↑	$(1+U+U^2)y$	volatil	sollte klein sein
0	stabil ☺ oder erzwungen stabil ☺	beliebig	0	↑		0	0	0	stabil ☺	beliebig
0	stabil ☺ oder erzwungen stabil ☺	beliebig	0	↑	einseitige Kopplung nur System kann auf Umgebung wirken	0	↑	$(1+U+U^2)y$	volatil	sollte klein sein
$(1+S+S^2)x$	volatil	sollte klein sein	↑	↑		0	0	$(1+S+U)Ix$	erzwungen volatil ☹	sollte klein sein
$(1+S+S^2)x$	volatil	sollte klein sein	↑	↑		0	↑	$(1+U+U^2)y + (1+S+U)Ix$	erzwungen volatil ☹	sollte klein sein
0	stabil ☺	beliebig	0	0		↑	0	0	stabil ☺ oder erzwungen stabil ☺	beliebig
$(1+S+S^2)x$	volatil	sollte klein sein	↑	0	einseitige Kopplung nur Umgebung kann auf System wirken	↑	0	0	stabil ☺ oder erzwungen stabil ☺	beliebig
$(1+S+U)By$	erzwungen volatil ☹	sollte klein sein	0	0		↑	↑	$(1+U+U^2)y$	volatil	sollte klein sein
$(1+S+S^2)x + (1+S+U)By$	erzwungen volatil ☹	sollte klein sein	↑	0		↑	↑	$(1+U+U^2)y$	volatil	sollte klein sein
0	stabil ☺ oder erzwungen stabil ☺	beliebig	0	↑		↑	0	0	stabil ☺ oder erzwungen stabil ☺	beliebig
$(1+S+U)By$	erzwungen volatil ☹	sollte klein sein	0	↑	wechsel- seitige Kopplung	↑	↑	$(1+U+U^2)y + IBy$	erzwungen volatil ☹	sollte klein sein
$(1+S+S^2)x + Blx$	erzwungen volatil ☹	sollte klein sein	↑	↑		↑	0	$(1+S+U)Ix$	erzwungen volatil ☹	sollte klein sein
$(1+S+S^2)x + (1+S+U)By + Blx$	erzwungen volatil ☹	sollte klein sein	↑	↑		↑	↑	$(1+U+U^2)y + (1+S+U)Ix + IBy$	erzwungen volatil ☹	sollte klein sein

0 = klein ↑ = groß

Tabelle 11 Stabilität bei unterschiedlicher Kopplung von System und Umgebung

3.2.7 Kapselung der inneren Komplexität

Besteht zwischen System und Umgebung keine Kopplung (Bedingung: I=0, B=0), vereinfachen sich die Ausdrücke

$$\mathbf{D_{int}} = (1+S+S^2)\mathbf{x} + (1+S+U)\mathbf{By} + \mathbf{BIx}$$

und $\quad \mathbf{D_{ext}} = (1+U+U^2)\mathbf{y} + (1+S+U)\mathbf{Ix} + \mathbf{IBy}$

für die Änderungshäufigkeiten zu

$$\mathbf{D_{int}} = (1+S+S^2)\mathbf{x}$$

und

$$\mathbf{D_{ext}} = (1+U+U^2)\mathbf{y}$$

Das heißt System und Umgebungen können unabhängig voneinander entwickelt und geändert werden. Damit in den obigen Ausdrücken nur die Summanden $(1+S+S^2)\mathbf{x}$ und $(1+U+U^2)\mathbf{y}$ übrig bleiben, muss aber nicht unbedingt I=0 und B=0 gelten, sondern es reicht aus, wenn die Produkte aus B und y sowie I und x verschwinden. Nun sind x, y und I, B keine einfachen Zahlen, sondern symbolische Schreibweisen für die Vektoren x und y und die Matrizen I und B, welche jeweils aus vielen Zahlen bestehen. Ihre Produkte sind Summen, deren sämtliche Summanden wiederum Produkte aus 2 Faktoren sind. Ein Faktor steht für die initiale Änderungshäufigkeit eines Elementes (von System oder Umgebung) und der andere für die Kopplung, durch welche Folgeänderungen ausgelöst werden. Um zu verhindern, dass eigene Änderungen auf den Partner übertragen werden, ist es also ausreichend, dass je Element des Systems und der Umgebung entweder die Änderung oder die Kopplung Null sind. Das heißt, stabile Elemente der Partner dürfen gekoppelt sein, volatile Elemente hingegen nicht.

Von Kapselung sprechen wir, wenn stabile Schnittstellen die Kopplung von System und Umgebung übernehmen, während die jeweilige Verarbeitungslogik nicht mit dem Partner gekoppelt ist und somit unabhängig von diesem geändert werden kann.

Die Kapselung setzt stabile Schnittstellen voraus, denn jede fachliche Änderung der Schnittstellen würde auf den Schnittstellenpartner durchschlagen und in der Regel auch auf das Systeminnere beider Partner. Die Stabilität der Schnittstellen ist aus diesem Grund häufig mehr oder wenig erzwungen, weshalb sich eine fachlich notwendige Schnittstellenänderung ähnlich problematisch erweist wie die Änderung hochkomplexer nicht gekapselter Systeme.

Da Schnittstellen wesentlich durch ihre Datenstrukturen bestimmt sind, kann ihre Stabilität durch einfache, erweiterbare Strukturen erhöht werden, zum Beispiel durch Zeichenketten (XML. JSON) oder einfache Listen (Key-Value-Paare).

Durch die doppelte Kapselung, zum einen der Systeme durch Schnittstellen und zum anderen der Schnittstellendaten durch stabile Datentypen, erhält man das Optimum an Stabilität und Flexibilität. Denn Änderungen der Verarbeitungslogik an isolierten oder gekapselten Systemen bleiben lokal und auf einen definierten Ausschnitt der IT-Landschaft und IT-Organisation begrenzt, und Änderungen der transportierten Dateninhalte verändern nicht die Signatur der Schnittstellen.

3.2.8 Zusammenfassung

Die in der Einleitung zum Thema „Stabilität und Volatilität" formulierten Fragen wollen wir nun zusammenfassend beantworten:

* Wann brauchen ein System oder seine Umgebung nicht geändert werden?

Wenn sie fehlerfrei funktionieren, technisch nicht veraltet sind und keine fachlichen Änderungen notwendig sind.

* Wann dürfen ein System oder seine Umgebung komplex sein?

Wenn sie stabil sind, weil man sie nicht zu ändern braucht.

* Wann darf ein System volatil sein?

Wenn es flexibel änderbar und wenig komplex ist und wenn es keine oder nur wenige Folgeänderungen in seiner Umgebung erzeugt.

* Wann müssen ein System oder seine Umgebung einfach sein?

Wenn sie sehr volatil sind, entweder weil man sie selbst sehr oft ändern muss oder weil sie sehr oft von Folgeänderungen aufgrund von Änderungen ihrer Partner betroffen sind.

* Wann müssen ein System oder seine Umgebung stabil bleiben und können nicht geändert werden?

Wenn der Aufwand und die Risiken von Änderungen und Folge-änderungen zu groß sind.

3.3 Heterogenität

3.3.1 Vielfalt der Merkmalswerte von Systemelementen

Heterogenität und Homogenität sind Kenngrößen für die Unterschiedlichkeit beziehungsweise Gleichförmigkeit der Elemente eines Systems. Die Anzahlen unterschiedlicher Werte eines technischen, fachlichen oder organisatorischen Merkmals einer IT-Landschaft, einer Geschäftskomponente oder eines IT-Systems sind einfache Indikatoren und Maße für deren Heterogenität. Sie vermitteln einen ersten Eindruck von der Art der erforderlichen technischen und fachlichen Kenntnisse oder vom zu erwartenden Aufwand für Abstimmungen, Vertragsverhandlungen und Lifecycle-Management. Beispiele für die Heterogenität einer IT-Landschaft oder eines IT-Systems sind in Tabelle 12 aufgeführt.

Merkmal	Maß der Heterogenität
Technische Heterogenität	
IT-Plattform (SAP, J2EE, .Net, ...)	Anzahl IT-Plattformen
Betriebssystemtyp (Unix, Windows, ...)	Anzahl Betriebssysteme
Programmiersprachen(Java, C#, Cobol, ...)	Anzahl Programmiersprachen
Fachliche Heterogenität	
Produktart (Tierfutter, Kleidung, Möbel, ...)	Anzahl Produktarten
Geschäftskomponente (Angebot, Zahlung, Abrechnung ...)	Anzahl involvierter Geschäftskomponenten
Vertriebskanaltyp (online, bedient, ...)	Anzahl Vertriebskanaltypen
Organisatorische Heterogenität	
Beteiligte/Verantwortliche Organisation	Anzahl Organisationseinheiten
Hersteller/Lieferanten von Komponenten	Anzahl Hersteller

Tabelle 12 Beispiele für die Heterogenität bezüglich eines Merkmals

3.3.2 Verteilung und Häufigkeit der Merkmalswerte

Zählt man nicht nur die Anzahl unterschiedlicher Merkmalswerte der Elemente eines Systems, sondern auch die Häufigkeit, mit der jeder Wert auftritt, erhält man eine diskrete Verteilungsfunktion zum ausgewählten Merkmal. Die Merkmalswerte definieren Kategorien (jeweils gleichartiger Elemente), denen mehr oder weniger Elemente angehören. Die Verteilung der Elemente auf die Kategorien kann in Form einer Tabelle oder als Grafik dargestellt werden. Sortiert man die Tabellenzeilen nach der Häufigkeit der Merkmalswerte, lassen sich ihre Rangfolge oder Wichtigkeit ablesen. In Abbildung 67 sind drei typische Verteilungen dargestellt: die *Gleichverteilung*, die *gewachsene (zufällige) Verteilung* und die *Dominanz eines Wertes*. Im Beispiel wird aufgezeigt, wie viele IT-Systeme eine bestimmte Programmiersprache nutzen. Auch wenn der Name *Gleichverteilung* dies nicht suggeriert, besitzt sie die größte Heterogenität. Eine nahezu homogene Verteilung bezügliche eines Merkmalwertes ergibt sich, wenn dieser Wert fast immer vorkommt und alle anderen nur selten.

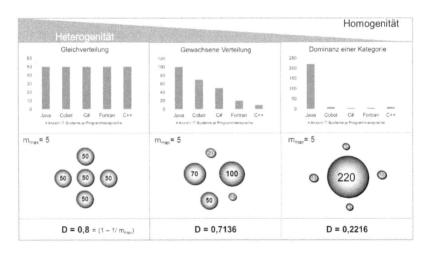

Abbildung 67 Typische Verteilungen für Merkmalswerte

Tabellen und Grafiken wie in Abbildung 67 veranschaulichen die Heterogenität von Elementen bezüglich eines einzelnen Merkmals. Betrachtet man die Heterogenität bezüglich mehrerer Merkmale, dann sind zwei Elemente äquivalent, wenn sie in allen Merkmalswerten übereinstimmen. Unterscheiden sich zwei Elemente hingegen in allen ihren Merkmalswerten, liegt vollkommene Unterschiedlichkeit vor. Dazwischen gibt es je nach Anzahl gleicher Merkmalswerte mehr oder weniger ähnliche beziehungsweise unterschiedliche Elemente. Die Zahl der möglichen Kombinationen von Merkmalswerten steigt mit der Anzahl an Merkmalen und Werten je Merkmal. Für zwei Merkmale mit 5 beziehungsweise 4 möglichen Werte ergeben sich zum Beispiel 5x4=20 Kombinationen und Kategorien, denen die Elemente des Systems zugeordnet sind. Formal können auch diese Kategorien in einer Tabelle analog Abbildung 67 dargestellt werden. Alternativ kann man eine zweidimensionale Verteilung als Matrix abbilden wie in Abbildung 69 gezeigt.

	Java	COBOL	C#	C++	Fortran	Σ Betriebs-system-Typ
Windows	5	5	50	25	10	95
Unix	25			25	40	90
zOS	5	45				50
Android	15					15
Σ Programmier-sprache	50	50	50	50	50	250

Abbildung 68 Darstellung der Häufigkeit zweier Merkmalswerte als Matrix

Im Beispiel sind die Anzahlen der IT-Systeme mit jeweils gleicher Programmiersprache und gleichem Betriebssystemtyp als Matrix dargestellt. Die Zeilen- und Spaltensummen sind wiederum einfache Häufigkeitsverteilungen für ein einzelnes Merkmal. Alle Programmiersprachen werden von gleich vielen IT-Systemen genutzt, das heißt bezüglich dieses Merkmals ist die IT-Landschaft (maximal) heterogen. Die Verteilung der Systeme auf Betriebssystem-Typen entspricht hingegen einer gewachsenen Verteilung. Aus der Kombination beider Verteilungen erkennt man, dass die Programmiersprache *Java* für alle Betriebssystem-Typen genutzt wird und dass der Betriebssystem-Typ *Windows* alle Programmiersprachen unterstützt. Sowohl was Betriebssysteme als auch Programmiersprachen betrifft besteht Standardisierungspotenzial.

Die Schlussfolgerungen aus einzelnen oder kombinierten Verteilungen sind abhängig von den Verteilungen selbst und von der Bedeutung ihrer Elemente. Wären in Abbildung 68 statt der Betriebssystemtypen unterschiedliche Organisationseinheiten aufgeführt, würde sich die Heterogenität der IT-Systeme bezüglich der Programmiersprachen auf die Vielfalt der notwendigen Kenntnisse für die Systementwicklung und –wartung auswirken.

Matrixdarstellungen sind ein gebräuchliches Visualisierungsmittel im Rahmen der Bebauungsplanung einer IT-Landschaft. Dort ordnet man mit Hilfe einer Matrix einen bestimmten Typ an Bebauungselementen, zum Beispiel IT-Systemen, zwei Merkmale oder Objekte zu, deren Werte oder Ausprägungen als Spalten- und Zeilen-Namen dienen. In den Matrixzellen stehen die Anzahlen oder die Namen der Bebauungselemente. Die Zelle selbst kann unterschiedlich markiert werden, um zusätzliche Merkmalswert zu unterscheiden. Im Beispiel von Abbildung 69 ist dies die Unterscheidung zwischen Eigenentwicklung, Open Source und Kaufprodukt. Die grafische Markierung einzelner Systemelemente in Tabellen oder Grafiken liefert einen anschaulichen, qualitativen Eindruck von Heterogenität bezüglich des gekennzeichneten Merkmals.

	Java	COBOL	C#	C++	Fortran
Windows	S1		S6		
Unix	S2 S5 S4			S3 S9	
zOS		S7			
Android	S8				

Open Source
Eigenentwicklung
Kaufprodukt

Abbildung 69 Beispiel einer Bebauungsplan-Matrix

3.3.3 Heterogenität durch implizite Beziehungen

Das Kontextdiagramm eines IT-Systems ist ein konkretes Beispiel für ein einfaches Systemmodell. Seine Elemente bestehen aus einem Kernsystem und den Partnern, mit denen es zum Zweck des Informationsaustauschs verbunden ist.

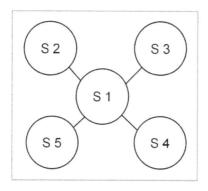

Abbildung 70 Einfaches Kontextdiagramm

163

Je nach Bedarf können im Kontextdiagramm die funktionalen oder technischen Verbindungen modelliert werden oder aber auch nur die Tatsache, dass eine Verbindung besteht.

Außer den Verbindungen für Funktionsaufruf und Datentransport besitzt ein IT-System noch zahlreiche weitere sekundäre Beziehungen, über die es mit Betriebssystem, Server, Datenbanksystem oder mit den Verantwortlichen für Wartung und Betrieb verknüpft ist. Jedoch gehören diese Verweise nicht explizit zum Kontextdiagramm des Systems, das heißt nicht zu dessen speziellem Systemmodell. Ganz zu verzichten braucht man auf sekundäre Beziehungen jedoch auch nicht, denn sie können als beschreibende Attribute des Kernsystems und seiner Partner mitgeführt werden.

Die „Umwandlung" von Verweisen in Attribute hat zur Folge, dass sich die Kopplung innerhalb eines Systemmodells reduziert, allerdings auf Kosten seiner Heterogenität. Um diesen Sachverhalt zu verdeutlichen, erweitern wir des Kontextdiagramms aus der vorigen Abbildung indem wir die Zugehörigkeit der IT-Systeme zu einer IT-Plattform (J2EE, .Net und SAP) einmal als Beziehung und ein anderes Mal als Attribut modellieren, wie in

Abbildung 71 zu sehen. Die erste Variante zeigt ein Modell-System mit folgenden Elementen: fünf IT-Systemen mit wechselseitigen Verbindungen (primären Beziehungen) und drei IT-Plattformen, auf die die IT-Systeme verweisen (sekundäre Beziehungen). In Variante 2 sehen wir zwei entkoppelte Modell-Systeme. Eines d3er beiden enthält die IT-Systeme und deren gegenseitige Verbindungen, das andere umfasst die Betriebssystem-Typen. Die Verweise auf die IT-Plattformen fungieren nur mehr als beschreibende Attribute.

Beide Varianten enthalten die gleichen Informationen und man wird von Fall zu Fall entscheiden müssen, welche man wählt. Denn je nach Bedeutung der Systemelemente und Zweck der Darstellung eignet sich die eine oder die andere Variante besser zur Illustration eines Sachverhaltes.

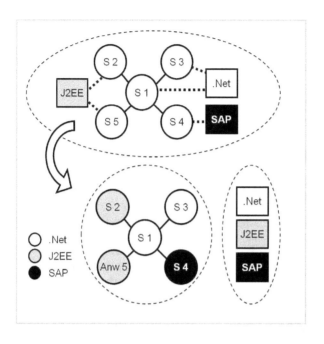

Abbildung 71 „Umwandlung" von Beziehungen in Attribute

Im obigen Beispiel favorisieren wir Variante 2, da die grafischen Beziehungen zu den IT-Plattformen wenig Mehrwert gegenüber einem Attribut liefern. Ständen an Stelle der IT-Systeme und IT-Plattformen jedoch Funktionen beziehungsweise Benutzer-Gruppen (Akteure), läge ein Use Case Diagramm vor. Dann wäre Variante 1 die gebräuchlichere Darstellung.

Die Umwandlung von Verweisen in Attribute führt dazu, dass eine vormals homogene Gruppe von Modell-IT-Systemen (Variante 1) inhomogen wird (Variante 2). In der Abbildung wird dies durch unterschiedliche Farben der grafischen Elemente ausgedrückt.

Eine allgemeine Regel für alle Systeme und Elemente lautet:

Werden Verweise nicht modelliert, sondern als beschreibende Attribute ver-
merkt, vereinfacht sich das Systemmodell hinsichtlich der Anzahl und Vielfäl-
tigkeit seiner Beziehungen, jedoch erhöht sich die Heterogenität der mit Attri-
buten versehenen Modellelemente.

3.3.4 Der Index of Deversity als Kennzahl der Heterogenität

Der *Index of Diversity* ist eine einfache Kennzahl für die Heterogenität oder Vielfalt (engl. Diversity) eines Systems, dessen Elemente
man so in Kategorien oder Gruppen einteilen kann, dass jedes Element zu genau einer Kategorie gehört.

Der *Index of Diversity (ID)* ist gleich der Wahrscheinlichkeit, dass eine zufällige Verbindung zweier Elemente in verschiedene Kategorien fällt. Seine Be-
rechnungsformel lautet bei N Elementen und M Kategorien:

$$ID = 1 - \sum_{m=1,M} (N_m)/ N)^2$$

In Abbildung 67 sind zur Illustration neben den Verteilungen auch die
Werte des *Index of Diversity* angegeben. Für Sonderfälle vereinfacht
sich dessen die Formel wie folgt.

- Für ein völlig homogenes System (mit minimaler Heterogenität)
  gibt es nur eine einzige Kategorie und es wird **ID = 0**.

- Bei maximale Heterogenität sind alle Elemente verschieden und
  man erhält **ID = (1 − 1/N)**. Für eine große Anzahl an Elementen
  (N >50) nähert sich dieser Ausdruck dem Wert 1.

- Sind gleich viele Elemente in allen Kategorien, lautet deren Anzahl N/M und es wird **ID == (1 − 1/M)**. Dieser Wert des *Index*

of Diversity für die Gleichverteilung der Elemente auf Kategorien ist gleichzeitig sein größter Wert bei gegebner Kategoriezahl.

Bei gleicher Anzahl an Kategorien sind alle anderen Verteilungen als die Gleichverteilung weniger heterogen und liefern einen kleineren Index of Deversity (siehe auch nachstehende Erläuterung). Sinkende Werte des Index of Deversity zeigen deshalb die Abnahme der Heterogenität beziehungsweise die zunehmende Homogenisierung und Standardisierung an.

Eine Summe $a^2 + b^2$ mit $a + b = c$ =konstant und $a - b = d$ hat ihr Minimum bei $a=b=c/2$ bzw. $d=0$ und wächst für $0 =< |d| =< c$ stetig von $c^2/2$ bis c^2. Geht man von einer Summe $\Sigma(N_m)^2$ mit gleichen $N_m=(N/M)$ aus, dann führt jede Verschiebung eines Elements zwischen zwei Kategorien zur Vergrößerung der Differenz d ihrer Elementzahlen und somit zu einer größeren Summe $\Sigma(N_m)^2$ und diese wiederum zu einem kleineren $ID = 1 - (1/N^2)*\Sigma(N_m)^2$.

Die komplementäre Kennzahl zum *Index of Diversity* ID wird als *Herfindahl-Hirschman-Index* HHI bezeichnet:

$$HI = 1 - ID$$

Er ist gleich der Wahrscheinlichkeit, dass eine zufällige Verbindung innerhalb irgendeiner Kategorie liegt.

3.3.5 Zusammenfassung der Heterogenitätsmaße und - darstellungen

Für die qualitative und quantitative Bewertung und Darstellung der Heterogenität eines Systems bezüglich ausgewählter Merkmale kann man folgende Größen und Methoden nutzen:

- Die Anzahl Merkmalswerte (Kategorien) zu einem Merkmal

- Die Anzahlen an Elementen je Merkmalswert (Verteilung der Elemente auf die Kategorien)

- Darstellungen der Verteilung zu einem Merkmal als Tabelle und daraus abgeleiteter Grafik (Balkendiagramm, Tortendiagramm und ähnliche)

- Darstellung der Kombination zweier Verteilungen (Tabellen) als Matrix

- Unterschiedliche Markierung der Elemente je nach Wert ausgewählter Merkmale in allen tabellarischen und grafischen Darstellungen, welche die Elemente explizit enthalten

- Normierte Kennzahlen zur Messung des Grades der Heterogenität beziehungsweise Homogenität und ihrer Veränderung

Die Anzahl an Kategorien und die Verteilung der Elemente auf diese vermitteln in Kombination mit grafischen Darstellungen und Markierungen einen guten Überblick über und einen Eindruck von der Heterogenität eines Systems bezüglich seiner (für einen bestimmten Zweck) relevanten Merkmale.

Einzelne normierte Kennzahlen für die Heterogenität, die man aus den Verteilungen ableiten kann sind unter Umständen für die Nachverfolgung von Veränderungen brauchbar.

3.4 Eigen- und Größenkomplexität

3.4.1 Die Eigenkomplexität als einfachste Kennzahl der strukturellen Komplexität

Als einfachste Beschreibung der *Strukturellen Komplexität* definieren wir eine Kenngröße, die wir *Eigenkomplexität* nennen, weil sie für die innere oder eigene Komplexität eines Systems steht.

> ▶ **Definition ◀**
>
> Die *Eigenkomplexität* ist eine einfache Kenngröße beziehungsweise Kennzahl für die Komplexität eines Systems. Zum Beispiel, um den (relativen) Aufwand für die Erstellung/Anschaffung von Systemen zu beschreiben oder mittels eines Komplexitätsindexes je System deren Einteilung in Komplexitätsklassen zu ermöglichen. Beispielhafte Werte für die *Eigenkomplexität* sind [*einfach, wenig komplex, komplex, sehr komplex*] oder [*Klasse A, B, C*] oder [*0,1,2,4,8*].

Da die Elemente eines Modellsystems auf einer weiteren Verfeinerungsstufe gleichfalls Systeme sind, können wir bei Bedarf auch ihnen einen Eigenkomplexitätswert zuordnen.

Systeme und Elemente mit der Eigenkomplexität Null, sind solche, deren interne Struktur unbekannt ist oder uns im Rahmen eines konkreten Modells, für eine bestimmte Analyse oder aus Sicht der eigenen Verantwortlichkeit und Aufgaben nicht zu interessieren braucht. Denn:

> Solange sich ein Objekt als so stabil erweist, dass seine innere Struktur und strukturelle Komplexität nicht nach außerhalb wirkt – zum Beispiel durch einen Defekt – können wir seine Eigenkomplexität aus Sicht der reinen Nutzung vernachlässigen und Null setzen.

Diese Festlegung drückt die Tatsache aus, dass sich nicht jeder um alle Aspekte der Komplexität kümmern muss und deshalb auch nicht jeden Aspekt zu messen und zu modellieren braucht. Beispielsweise kann man den Wert der Eigenkomplexität von Zubehörprogrammen wie Taschenrechner und Editor aus Sicht der Unternehmens-IT auf Null setzen, denn sie erhöhen die Komplexität der IT-Landschaft nur marginal. In der Praxis trifft man zwei Arten von Eigenkomplexitätswerten an, die für unterschiedliche Zwecke genutzt werden:

- Eigenkomplexitätswerte zur Bildung von Komplexitätsklassen, nach denen man Geschäftskomponenten oder IT-Systeme klassifizieren kann.

- Eigenkomplexitätswerte (= Zahlenwerte) zur Abschätzung des Entwicklungs-, Test- und Pflegeaufwand von IT-Systemen und ihren Bestandteilen.

3.4.2 Ein Beispiel einfacher Komplexitätsklassen

Aus der Klassifizierung von Systemen gemäß Tabelle 1kann man eine einfache, qualitative Skala von Eigenkomplexitätswerten ableiten (siehe Tabelle 13 und Abbildung 72).

System-Merkmal	System-Komplexität (Eigenkomplexität)
Klein und einfach	Nicht komplex
Klein und heterogen	Wenig komplex
Klein und verbunden	Wenig komplex
Groß und einfach	Wenig komplex
Groß und heterogen	Komplex
Groß und verbunden	Sehr komplex
Groß und verbunden und heterogen	Außerordentlich komplex

Tabelle 13 Einfache, qualitative Komplexitäts-Skala

Die obige qualitative Einteilung von Systemen hat folgende Vorteile:

- einfach zu verstehen und anzuwenden
- brauchbar, um wenig komplexe Systeme auszusortieren
- Formale Klassifizierung für differenzierte „Behandlung" der Systeme in Projekt- und Governance-Prozessen

Die Nachteile sind:

- geringe Differenzierung bei sehr komplexen und außerordentlich komplexen Systemen
- mögliche subjektive Einflüsse bei der Einordnung von Systemen in das Schema

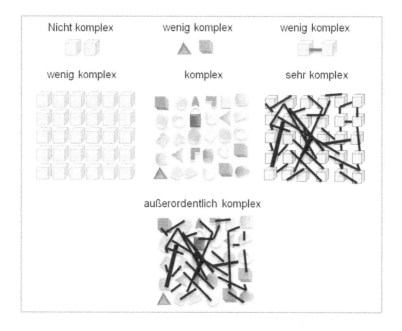

Abbildung 72 Qualitative Einteilung von Systemen in Komplexitätsklassen

Ein einfaches Schema kann hilfreich sein, wenn die Zuordnungsregeln selbst einfach sind und ohne tiefere Kenntnis der Systeme auskommen, zum Beispiel indem die Schnittstellenpartner, Technologien oder involvierten Organisationseinheiten gezählt werden. Systeme ohne äußere Schnittstellen, mit nur einer IT-Plattform und einer einzigen verantwortlichen Organisationseinheit könnte man dann als wenig komplex einstufen.

Was die nicht einfachen oder komplexen Systeme betrifft, haben wir ihre qualitativen Merkmale bereits in Tabelle 1 aufgeführt, und zwar sowohl die subjektiven als auch die objektiven. Allerdings kann man ohne Systemkenntnis kaum zwischen *objektiv* und *subjektiv* unterscheiden. Für die obige einfache Klassifizierung spielt es deshalb keine Rolle, ob ein System lediglich kompliziert oder verworren erscheint oder ob seine Struktur und sein Verhalten objektiv komplex sind. Falls mit den komplex oder sehr komplex eingestuften Systemen bei der Projektplanung, bei Prüfprozessen und bei der Risikobewertung anders verfahren wird als mit einfachen Systemen, stellt das obige Schema einen Vorfilter dar. Differenzierte und aussagekräftige Bewertungen der IT-Komplexität sind den Folgeprozessen vorbehalten. Erschöpft sich die Komplexitätsbewertung der IT-Systeme allerdings in einer einfachen qualitativen Klassifizierung wie in Tabelle 1, ohne dass die definierten Komplexitätswerte als Entscheidungskriterium oder Steuerparameter anderweitig genutzt werden, kann man sich diese Übung sparen. Denn dann ist die Originalinformation, die der Klassifizierung zugrunde liegt, aussagekräftiger.

Will man Komplexitätstreiber identifizieren, reicht die obige einfache Klassifizierung der IT-Systeme allerdings nicht aus.

3.4.3 Komplexitätsindex und Komplexitätsklassen

Als weiteres Beispiel für die Klassifizierung von IT-Systemen bilden wir einen Komplexitätsindex aus der Anzahl externer Schnittstellen und der Anzahl Komponenten-Implementierungen eines IT-Systems:

- Die Anzahl der Komponenten-Implementierungen (Anz BC-IMPL) je IT-System ist eine einfache Kennzahl für den fachlichen Umfang und die fachliche Vielfalt der IT-Systeme.

- Die Anzahl der externen Schnittstellen (Anz ext SS) je IT-System ist ein Maß für die Stärke der wechselseitigen Abhängigkeit zweier Partner Datenflüsse.

- Der Komplexitätsindex (K-ID) einer IT-System vereint beide Kennzahlen-Aspekte und wird wie folgt definiert:

K-ID = (Anz ext SS/ΣAnz ext SS) + (Anz BC-IMPL/ΣAnz BC-IMPL)

Je nach Wert des Komplexitätsindex wird jedes IT-System einer von vier Komplexitäts-Klassen zugeordnet (siehe auch Abbildung 73) :

IT-System	Anzahl externer Schnittstellen	Anzahl Komponenten-Implementierungen	Komplexitäts-Index	Komplexitätsklasse
Filial-Verkaufssystem	25	8	0,13677046	IV (sehr komplex)
Internet-Verkaufssystem	18	8	0,11653925	IV (sehr komplex)
Stammdaten DB	11	6	0,080179004	IV (sehr komplex)
Datenverteilung	14	2	0,05659146	III (komplex)
Produktauskunft	16	1	0,054307291	III (komplex)
Buchungssystem	8	3	0,047314936	III (komplex)
Datapool	12	1	0,042746597	III (komplex)
Verkaufsservice-Broker	12	1	0,042746597	III (komplex)
CRM Privatkunden	6	3	0,041534589	III (komplex)
CRM Firmenkunden	3	4	0,040928585	III (komplex)
SAP R3	8	2	0,03925042	III (komplex)
Automaten-Dialog-Logik	8	2	0,03925042	III (komplex)
Abrechnungs-System	7	2	0,036360246	II (wenig kompex)
Verkaufsbuchhaltung	6	2	0,033470073	II (wenig kompex)
Angebotsergänzer	0	4	0,032258065	II (wenig kompex)
Kundenfeedback-System	5	2	0,030579899	II (wenig kompex)
Personalkostenabrechn.	1	1	0,01095469	I (einfach)
Back-Office Kasse	1	1	0,01095469	I (einfach)
Info-Comp 3	0	1	0,008064516	I (einfach)
Information Manager	0	1	0,008064516	I (einfach)

Abbildung 73 Definition von Klassen mittels Komplexitätsindex

3.4.4 Komplexitätsklassen zur Aufwandschätzung

Funktionen, Datenelemente und Datenstrukturen sowie die Schnittstellen beziehungsweise Verbindungen zwischen ihnen stellen Basiselemente dar, aus denen IT-Systeme und Software-Komponenten bestehen. Definiert man für jeden Basiselementtyp eine Folge von Eigenkomplexitätswerten und für jeden Wert eine Spezifikation, nach der man Elementen einen Wert zuordnen kann, ist man im Besitz einer Skala und einer Messvorschrift zur Bestimmung der Eigenkomplexität der Basiselemente von IT-Systemen. Jedes Paar aus Komplexitätswert plus Spezifikation definiert eine Komplexitätsklasse für die Basiselemente.

Ein Beispiel für eine Klassendefinition ist in Tabelle 14 zu sehen. Dort haben wir die Komplexität der Daten einer Funktion dergestalt klassifiziert, dass der Komplexitätswert umso höher ist je mehr Datenstrukturen oder Fachobjekte existieren, die eine eigene Verarbeitungslogik erfordern. Per Definition verdoppelt sich der Komplexitätswert jeweils von Klasse zu Klasse und die Anzahl der Klassen wird auf 5 beschränkt.

Klasse (Nr)	Komplexitätswert D	Spezifikation der Komplexitätsklasse für die Anzahl von Datenstrukturen (Fachobjekten) mit eigener Verarbeitungslogik
1	1	1 Datenstruktur (Fachobjekt) mit eigener Verarbeitungslogik
2	2	2 Datenstrukturen (Fachobjekte) mit eigene Verarbeitungslogik
3	4	3-5 Datenstrukturen (Fachobjekte) mit eigener Verarbeitungslogik
4	8	6-10 Datenstrukturen (Fachobjekte) mit eigener Verarbeitungslogik
5	16	>10 Datenstrukturen (Fachobjekte) mit eigener Verarbeitungslogik

Tabelle 14 Komplexitätsklassen für Datenstrukturen

Die Trennschärfe der Komplexitätsklassen im Beispiel nimmt mit wachsender Nummer ab, so dass alle Funktionen mit mehr als 10 Datenstrukturen mit eigener Verarbeitungslogik in die höchste und komplexeste Klasse fallen.

Die Komplexitätsklassen in Tabelle 14 stehen für die Anzahl an Datenstrukturen oder Fachobjekten einer informationsverarbeitenden Funktion, die eine eigene Verarbeitungslogik erfordern. Die Komplexität der Verarbeitungslogik selbst definieren wir separat, so wie in Tabelle 15 beispielhaft gezeigt.

Klasse (Nr)	Komplexitätswert V	Spezifikation der Komplexitätsklasse für die Verarbeitungslogik einer Funktion
1	1	einfache Logik (z.B. Sequenzen), geringes Fachwissen (einfache und ähnliche Verarbeitung der Daten)
2	2	Durchschnittliche Logik und Fachwissen
3	4	Anspruchsvolle Logik und Fachwissen

Tabelle 15 Komplexitätsklassen für die Verarbeitunslogik einber Funktion

Die Eigenkomplexität einer Funktion ergibt sich als Produkt aus dem Komplexitätswert für die Anzahl von Datenstrukturen mit eigener Verarbeitungslogik und dem Komplexitätswert der Verarbeitungslogik selbst.

Eigenkomlexität einer Funktion

=

(Komplexität der Daten) * (Komplexität der Verarbeitungslogik)

Als Beispiel für Eigenkomplexitätswerte beziehungsweise Komplexitätsklassen einer Funktion haben wir in Tabelle 16 die Komplexitätswerte aus den Tabellen 14 und 15 kombiniert.

Klasse (Nr)	Komplexitätswert E	Kombination (Produkte) der Komplexitätswerte für die Komplexität der Datenstrukturen und der Verarbeitungslogik E = (D*V)
1	1=20	(1*1)
2	2=21	(2*1) | (1*2)
3	4=22	(4*1) | (2*2) | (1*4)
4	8=23	(8*1) | (4*2) | (2*4)
5	16=24	(16*1) | (8*2) | (4*4)
6	32=25	(16*2) | (8*2)
7	64=26	(16*4)

Tabelle 16 Komplexitätsklassen für die Eigenkomplexität einer Funktionen

Eine Funktion mit jeweils einfacher, aber unterschiedlicher Verarbeitungslogik für zwei Datenstrukturen ist deshalb ähnlich komplex wie eine Funktion mit durchschnittlich komplexer Verarbeitungslogik für nur eine Datenstruktur.

Die Eigenkomplexität einer Funktion ist ein Maß zur Abschätzung und Klassifizierung ihrer internen Komplexität beziehungsweise des zugehörigen Quelltextes. Die Formel für die Eigenkomplexität einer Funktion lautet:

$$E = D*V$$

Digitale Geschäftsprozesse oder das Digitale Business in Gänze besitzen neben der fachlichen Businesskomplexität noch eine technische oder Implementierungskomplexität.

Die allgemeine Beziehung

IT-Komplexität = Business- + Implementierungskomplexität

gilt speziell auch für die Komplexität der Verarbeitungslogik von automatisierten und digitalisierten Funktionen.

Komlexität der Verarbeitungslogik (V)

=

Komplexität der Businesslogik (B)

+

Komplexität der Implementierungslogik (I)

Die Formel für die Eigenkomplexität einer automatisierten und digitalisierten Funktion lautet dann:

$$E = D^*V = D^*(B + I) = D^*B + D^*I$$

Die Komplexität der Businesslogik (B) erwächst aus der Art und dem Umfang der fachlichen Prozesse, Regeln und Algorithmen.

Die zusätzliche Komplexität der Implementierungslogik (I) beruht auf der IT-technischen Ausgestaltung, Automatisierung und Digitalisierung der Geschäftsfunktionen und –prozesse.

Die Eigenkomplexität einer technischen Verbindung steht für die Art der technischen Kopplung zweier IT-Systeme oder Komponenten und ist Teil der Implementierungskomplexität eines IT-Systems. Da eine Verbindung zwei Partner besitzt, kann der Komplexitätswert auch jeweils zur Hälfte auf diese aufgeteilt werden. Tabelle 17 enthält beispielhafte Komplexitätsklassen für technische Verbindungen.

Klasse (Nr)	Komplexitäts-wert	Technische Verbindungsart
1	0	Lokale Call-Schnittstelle (Funktionsaufruf)
2	2	Datei-Schnittstelle
3	4	Datenbankzugriff, http-Request
4	8	Webservice, Message-Queue, Java-Bean

Tabelle 17 Komplexitätsklassen von technischen Verbindungen

Die Klasse 1 steht für die im Rahmen des Modells einfachste technische Verbindung, dem lokalen Funktionsaufruf, und besitzt per Definition den Komplexitätswert Null. Denn ein Funktionsaufruf, ganz gleich ob ohne oder mit Interface, erfordert keine, über das Ausführen von Programmen hinausgehenden, technischen Voraussetzungen.

Der kleinste Komplexitätswert ungleich Null ist Zwei. Er steht für das Lesen oder Schreiben einer Datei, denn ein Dateizugriff ist im Sprachumfang aller höheren Programmiersprachen enthalten und erfordert nur wenige Zeilen Quelltext. Den Datenbankzugriff oder eine andere synchrone Verbindung zwischen zwei Partnern stufen wir technisch etwas komplexer ein und setzen den entsprechenden Klassenwert auf Vier. Den höchsten Wert für eine technische Verbindungskomplexität erhält die Klasse der Verbindungen über einen Webservice, eine Message-Queue oder eine Java-Bean.

Die Komplexitätswerte für technische Verbindungen sind wie alle in diesem Buch vorgeschlagenen Werte als Beispiel oder erste Iteration zu betrachten.

Die Größenkomplexität eines Systems ist gleich der Summe der Eigen-komplexitätswerte seiner Elemente.

$$G = \sum E$$

Die Größenkomplexität wächst mit der Anzahl der Elemente und mit deren Eigenkomplexität, was den Namen *Größenkomplexität* erklärt und rechtfertigt. Die Berechnung der Größenkomplexität als Summe von Eigenkomplexitätswerten ist mathematisch einfach. Die praktische Hürde besteht deshalb weder in der Kompliziertheit der Berechnung noch in der Definition von Eigenkomplexitätsklassen, sondern in der Erfassung und Dokumentation der Funktionen, Datenstrukturen und Schnittstellen der IT-Systeme.

Das Verfahren zur Bestimmung der Größenkomplexität ähnelt methodisch der Function-Point-Methode, weshalb man die Eigen- und Größenkomplexitätswerte zur Aufwands- und Kostenschätzung für die Entwicklung und Änderung von IT-Systemen nutzen kann.

3.4.5 Aufwandsschätzung

Die Anzahl und Komplexität der Funktionen eines IT-Systems bestimmen maßgeblich den Aufwand und die Kosten für seine Entwicklung. Der Entwicklungsaufwand und die Entwicklungskosten eines IT-Systems sind deshalb in erster Näherung proportional der Größenkomplexität G des Systems:

Entwicklungsaufwand ~ Größenkomplexität

Bezeichnen wir den Aufwand mit dem Buchstaben X, erhalten wir die Formel:

$$X \sim G \rightarrow X = C*G$$

Der Proportionalitätsfaktor kürzt sich heraus, wen man das Verhältnis zweier Aufwandswerte X1 und X2 bildet:

$$X1/X2 = G1/G2 \quad \rightarrow \quad X2 = (G1/G2)*X1$$

Aus einem bekannten Aufwand X1, kann man somit über die Größenkomplexität den unbekannten Aufwand schätzen.

Ein Aufwandstreiber bei der Pflege von IT-Systemen und IT-landschaften sind Tests und Re-Tests. Denn getestet werden muss immer, ganz gleich ob es sich um eine Eigenentwicklung, ein Kaufprodukt oder eine Auftragsentwicklung handelt und unabhängig davon, ob Änderungen durch Anpassung des Quelltextes oder per Konfiguration erfolgen. Der Aufwand fürs Testen erhöht sich mit der Anzahl der zu testenden Funktionen und mit der Anzahl von Änderungen und Fehlern, die den Test des IT-Systems erforderlich machen. Da die Größenkomplexität ein Maß für Umfang und Komplexität der Funktionalität (und des Quelltextes) eines IT-Systems darstellt, ist die Anzahl der Testfälle in erster Näherung proportional der Größenkomplexität des Systems. Und auch die Wahrscheinlichkeit für Änderungen und Fehler – und somit die Häufigkeit von Re-Tests - steigt mit der Anzahl und der Eigenkomplexität der Funktionen, das heißt mit der Größenkomplexität. Der Testaufwand für ein IT-System in einem definierten Zeitraum, zum Beispiel einem Jahr, ergibt sich aus der Anzahl der Testfälle multipliziert mit der Anzahl der Re-Tests. Da beide Faktoren proportional der Größenkomplexität sind, geht diese quadratisch in den Testaufwand des IT-Systems ein:

$$\text{Testaufwand} \sim (\text{Größenkomplexität})^2$$

Am wirksamsten kann man den Testaufwand reduzieren, wenn Anzahl und Komplexität der Funktionen verringerte werden, zum Beispiel durch Beseitigung unnötiger Redundanzen und technischer Vielfalt. Sind keine Abstriche an der Funktionalität möglich, lässt sich der Re-Testaufwand unter Umständen verringern, wenn die Funktionen nicht in einem einzigen monolithischen IT-System implementiert werden, sondern auf geeignete Weise auf mehrere kleine Systeme verteilt sínd. Da die fachlichen Beziehungen zwischen den Funktionen bestehen bleiben, sind die kleineren Systeme allerdings in der Regel nicht unabhängig voneinander. Die möglichen Folgen von Abhängigkeiten zwischen den Funktionen sind:

- Die fachliche Änderung einer Funktion führt zu notwendigen Anpassungen an Funktionen anderer Systeme und erfordert den Re-Test auch dieser Systeme.

- Die fachlichen Abhängigkeiten führen zu Verbindungen und Schnittstellen zwischen den Systemen, deren Test gleichfalls zum Re-Test eines Systems gehört. Der Vorteil einer geringeren Anzahl Testfälle für den Test von Funktionen kann deshalb durch zusätzliche, ebenfalls zu testende Schnittstellen wieder aufgewogen werden.

- Neben der System- und Schnittstellenzahl wächst auch die Wahrscheinlichkeit dafür, dass deren Verantwortliche zu unterschiedlichen Organisationseinheiten gehören, was wiederum zum Anwachsen der organisatorischen Komplexität führt.

3.4.6 Verteilungsfunktionen zur Größenkomplexität

Die Anzahlen der Funktionen eines IT-Systems in den einzelnen Komplexitätsklassen stellen eine (diskrete) Verteilung von Funktionen auf Komplexitätsklassen dar. Der Beitrag jeder Komplexitätsklasse zur Größenkomplexität ist gleich dem Produkt aus dem Eigenkomplexitätswert der Klasse und der Anzahl ihrer Funktionen. Ein System mit sehr vielen einfachen Funktionen kann deshalb eine ähnliche Größenkomplexität aufweisen wie ein System mit wenigen sehr komplexen Funktionen. In Abbildung 74 sind fünf unterschiedliche Verteilungen von jeweils 1000 Funktionen auf die Komplexitätsklassen von Tabelle 16 dargestellt. Neben den Verteilungen der Funktionen sind gleichfalls die Beiträge jeder Klasse zur Gesamtkomplexität dargestellt sowie die Gesamtkomplexität selbst.

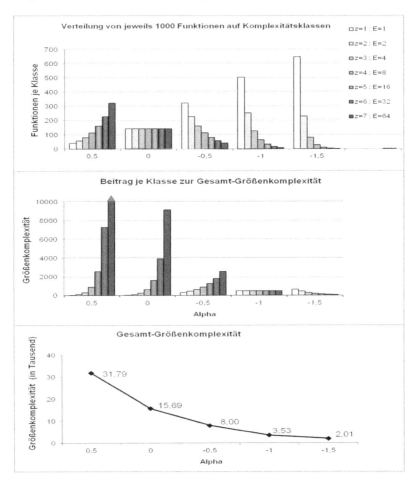

Abbildung 74 Beispiele für Komplexitätsverteilungen von Funktionen

In Abhängigkeit des Parameters α erhalten wir Verteilungen mit charakteristischen Eigenschaften:

Dominanz komplexer Funktionen (α > 0):
- Sowohl die Mitgliederzahlen als auch die Komplexitätsbeiträge steigen mit der Klassennummer. Der Beitrag der Funktionen der beiden komplexesten Klassen ist größer als 75%.

Gleichverteilung von Funktionen auf Komplexitätsklassen (α=0):
- Die Anzahlen der Funktionen in jeder Klasse sind gleich groß. Die Funktionen der beiden komplexesten Klassen tragen zu 75% zur Gesamtkomplexität bei.

Gleichverteilung der Komplexität auf alle Klassen (α = -1):
- Die Komplexitätsbeiträge aller Klassen sind gleich groß.

Dominanz einfacher Funktionen (α < -1):
- Sowohl die Mitgliederzahl als auch der Beitrag zur Gesamtkomplexität sinken mit steigender Klassennummer.

Dominieren einfache Funktion in der Verteilung, dann bestimmen sie maßgeblich die größenabhängigen Komplexitätsmerkmale wie Ressourcenbedarf und Entwicklungskosten. Sehr komplexe Funktionen, deren genaue Einzelkomplexität sich wesentlich schwieriger ermitteln lässt wie jene von einfachen Funktionen, tragen hingegen nur wenig zur Größenkomplexität bei. Derartige Verteilungen sind typisch für Frontendsysteme. Denn schon aus Gründen der Ergonomie und einfachen Handhabung beschränken sich Bildschirmdialoges zumeist auf ein oder zwei Datenobjekte und deren Darstellung.

In den Kernsystemen der Unternehmens-IT sind hingegen häufig komplexe Funktionen, Algorithmen und Prozesse implementiert. Beispiel-Verteilung in Abbildung 74:

Die Eigenkomplexitätswerte E in Tabelle 16 verdoppeln sich per Definition von Klasse zu Klasse: $E(z) = 2^{(z-1)}$ mit der Klassennummer z = 1,...,7. Um typische Verteilungen von insgesamt N Funktionen auf die Komplexitätsklassen zu erhalten, wählen wir folgenden Ansatz für die Anzahl $N(z)$ der Funktionen je Klasse:

$$N(z) = C^*(2^\alpha)^{(z-1)} \quad \text{mit } C = N/\Sigma(2^\alpha)^{(z-1)}$$

(Da die Summe der Anzahlen $N(z)$ gleich der Gesamtzahl N ist, gilt $N = \Sigma\, N(z) = C^*\Sigma(2^\alpha)^{(z-1)}$ und somit $C = N/\Sigma(2^\alpha)^{(z-1)}$).

Mit Werten zwischen 0,5 und -1,5 für den frei wählbaren Parameter α erhalten wir die in Abbildung 15 dargestellten Verteilungen. Zusammen mit den Eigenkomplexitätswerten $E(z) = 2^{(z-1)}$ aus Tabelle 16 ergeben sich die Komplexitätsbeiträge $G(z)$ der Klasse **z** zur Gesamtkomplexität G zu:

$$G(z) = N/z)^*E(z) = C^*(2^{\alpha+1})^{(z-1)} \quad \text{und} \quad G = \Sigma G(z)$$

Ende

Zahlreiche Methoden, Kennzahlen, Empfehlungen und Visualisierungen dieses Buches benötigen lediglich relativ einfache und in der Regel verfügbare Daten aus dem Umfeld des Enterprise Architektur Managements. Weiterführende numerische Berechnungen erfordern allerdings detaillierte Daten mit allen relevanten Beziehungen, die für existierende IT-Systeme in ausreichender Qualität nur selten vorhanden sind. Dabei sind die fehlenden Informationen nicht sonderlich kompliziert und akademisch anspruchsvoll. Und man muss sie auch nicht mühsam auf dem Grund der Ozeane oder in den unendlichen Weiten des Weltraums aufspüren. Möglicherweise wird der Nutzen der Daten gegenüber dem Aufwand zu ihrer Erfassung zu geringgeschätzt. Oder das Datenmanagement ist zu wenig sichtbar und deshalb nicht sonderlich attraktiv. Das könnte sich allerdings gerade ändern. Denn mit dem Thema *Big Data*, aber auch aufgrund diverser Hacker-Attacken rücken die Daten aus den Speichern der Rechenzentren ins Blickfeld der Öffentlichkeit und werden für Politiker, C-Level Excecutives, Berater und Fachjournalisten interessant. Vielleicht kann auch das Komplexitätsmanagement von der neuen Wertschätzung für Daten profitieren und sich künftig auf eine Datenbasis stützen, die auch für quantitative Aussagen und Simulationen realistischer Szenarien taugt, wie zum Beispiel für unser Konzept der Anregungen.

Weitere Bücher von Günther Meinhold

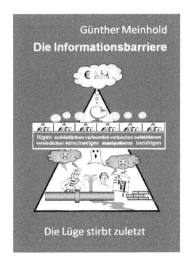

Günther Meinhold
Die Informationsbarriere

Der einzige Schutz vor dem größtmöglichen Desaster besteht häufig allein in der Unfähigkeit der Organisation, die Pläne und Befehle ihrer Führung umzusetzen.

Günther Meinhold

© 2018 Dr. Günther Meinhold
Herstellung und Verlag:
BoD – Books on Demand, Norderstedt

ISBN: 978-3-7460-9401-4

Das Buch "Die Informationsbarriere" handelt von hierarchischen Organisationen und deren Verfall infolge zunehmender Informationsverfälschung sowie von Menschen, die den Niedergang herbeiführen und darunter zu leiden haben. Die selbst verschuldeten Schieflage von Unternehmen, der planlose Verlauf der Energiewende und die EURO-Krise beruhen zu einem nicht geringen Teil auf Fehleinschätzungen mangels wahrer Informationen und Sachkenntnis sowie dem bewussten Vertuschen absehbarer Risiken und Fehlentwicklungen. Und auch die unkontrollierte Öffnung der deutschen Grenzen in der Flüchtlingskrise sowie die darauffolgende staatliche Werbekampagne und Manipulation der Bevölkerung im Sinne der ausgerufenen Willkommenskultur zeigen alle Merkmale und Begleiterscheinungen einer im Niedergang befindlichen Ordnung. So berechtigt Kritik an einzelnen unfähigen oder machtgierigen Leitfiguren ist, sind deren persönliche Verfehlungen jedoch nicht die eigentliche Ursache von Desastern im großen Stil, sondern erst das Beziehungsgeflecht und die wechselseitigen Abhängigkeiten zwischen Menschen und Organisationen, befördern, verstärken und vervielfachen die Fehler Einzelner und lassen sie im schlimmsten Fall zu globalen Krisen anwachsen.

Günther Meinhold

WISSEN IM WANDEL

Wachstum und Verlust von Wissen
im Modell des Wissenswürfels

© 2018 Dr. Günther Meinhold

Herstellung und Verlag:

BoD – Books on Demand, Norderstedt

ISBN: 978-3-7460-9750-3

Die rasante technische Entwicklung lässt unser Wissen explosionsartig anwachsen. Doch gerade deswegen werden Menschen unwissender. Denn weil sie nicht mehr benötigte Fertigkeiten verlernen oder weil sie erprobtes Wissen gegen unterhaltsameres Halbwissen eintauschen, können sie dem Wissensfortschritt nicht folgen. Und weil man im Internet neben Wissenschaftlichkeit, Weisheit und Klugheit in gleichberechtigter Weise auch Unvollkommenheit, Irrtum, Propaganda, Täuschung, Lüge, Aberglauben und Unsinn findet, macht auch die wachsende Informationsfülle die Menschheit nicht automatisch klüger, sondern führt zu einer neuen Art von Unwissenheit und Dummheit. Deren Ursache ist nicht Informationsmangel, sondern das Übermaß an Information. Um den Wandel des Wissens in einer Zeit des Umbruchs zu beschreiben hat Günther Meinhold ein Zustandsmodell der Wissensqualität – den Wissenswürfel - definiert. Anhand des Wissenswürfels zeigt er die Möglichkeiten auf, wie aus Unkenntnis wertvolles und weniger wertvolles Wissen entsteht, und ebenso beleuchtet er die zahlreichen Wege, auf denen Wissen verloren geht, und wie man die Irrwege vermeiden kann.

Kommunikation ist das
Problem ...

Egon
&
Kim

... doch auch die Lösung

Günther Meinhold

Engelsdorfer

Verlag: Engelsdorfer Verlag;

ISBN-10: 3954882477

ISBN-13: 978-3954882472

Egon und Kim arbeiten beide als Verkäufer von hoch spezialisierten, hoch-
wertigen und nicht ganz billigen Industriewaschmaschinen. Mit einem Unterschied: Kim entspricht perfekt den Vorstellungen des Chefs von einer
Spitzenverkäuferin, und Egon eben nicht. Deshalb brütet Egon auch über
einem Buch, dessen Studium - so die Hoffnung seines Chefs - seinen Abstand
zu Kim von Unendlich auf Sichtweite verringern soll. Egons praktische Erpro-
bung der Tipps und Ratschläge der Pflichtlektüre führt zu mancherlei Miss-
verständnissen und Pannen mit ungewollter Komik, zu unerwarteten Ein-
sichten und Erfolgserlebnissen und immer wieder zu Begegnungen mit Kim,
dem strahlenden Vorbild, dem es nachzueifern gilt. Die Geschichten von
Egon und Kim, den beiden völlig verschiedenen, aber gleich sympathischen
Hauptpersonen, sind humorvoll, kurzweilig und amüsant und außerdem
erfährt der Leser noch, warum man Westen besser im Osten weiß wäscht,
weshalb es gefährlich sein kann, die Putzfrau zu loben, wieso Frösche im
Tiefflug unterwegs sein sollten und vieles mehr.

www.ingramcontent.com/pod-product-compliance
Lightning Source LLC
LaVergne TN
LVHW022314060326
832902LV00020B/3465